The Tragedie of Romeo and Iuliet
Die Tragödie von Romeo und Julia

Steckels Shake-Speare

William Shakespeare

The Tragedie of Romeo and Iuliet

Die Tragödie von Romeo und Julia

Titel:
The lovers of Valdaro,
Bildbearbeitung von F. P. Steckel, August 2014
»Was ich gut finde, ist die Festlegung auf den Ernst der Sache:
Nur das Ernste ist schön, sagt Dr. Dorn in Tschechovs MÖWE.«
verwendet im Programmheft der Aufführung
von Jette Steckel, Thalia-Theater Hamburg 2014

Rückseite:
»Die Weltdummheit macht jede Arbeit
– außer an Shakespeare – unmöglich.«
Karl Kraus, Postskriptum zum letzten Brief
an Sidonie Nádherny vom ./..
aus: Karl Kraus, Briefe an Sidonie Nádherny von Borutin -
Hg. von Friedrich Pfäfflin © Wallstein Verlag, Göttingen
Reproduktion mit freundlicher Genehmigung
des Brenner-Archivs, Universität Innsbruck

Bühnenrechte beim Verlag der Autoren

© Verlag Uwe Laugwitz,
D-21244 Buchholz in der Nordheide, 2024

ISBN 9783-93307-70-7

Inhalt

The Tragedie of Romeo and Iuliet	6
Die Tragödie von Romeo und Julia	7
Anmerkungen	226
Nachwort	
Zu dieser Edition	233
Zum Stück	
Die erste Quartoausgabe (Q1)	234
»Stop Press« Shakespeare (K. Chiljan)	235
Die zweite Quartoausgabe (Q2)	237
Quellen	238
Datierung	239
Literatur	242
Steckels Shake-Speare Gesamtverzeichnis	244

The Tragedie of Romeo and Iuliet

Die Tragödie von Romeo und Julia

The Prologue.

Corus.
> *Two housholds both alike in dignitie,*
>   *(In faire* Verona *where we lay our Scene)*
> *From aunciant grudge, breake to new mutinie,*
> *Where ciuill bloud makes ciuill hands vncleane:*
> *From forth the fatall loynes of these two foes,*
> *A paire of starre-crost louers, take their life:*
> *Whose misaduentur'd pittious ouerthrowes,*
> *Doth with their death burie their Parents strife.*
> *The fearfull passage of their death-markt loue,*
> *And the continuance of their Parents rage:*
> *Which but their childrens end nought could remoue:*
> *Is now the two houres trafficque of our Stage.*
> *The which if you with patient eares attend,*
> *What heare shall misse, our toyle shall striue to mend.*

Enter Sampson *and* Gregorie, *with Swords and Bucklers, of the house of* Capulet.

Samp. Gregorie, on my word weele not carrie Coles.

Greg. No, for then we should be Collyers.
Samp. I meane, and we be in choller, weele draw.

Greg. I while you liue, draw your necke out of choller.
Samp. I strike quickly being moued.

Greg. But thou art not quickly moued to strike.

I, 1

Chor Zwei Adelshäuser, gleichauf herrscherlich
 In Verona, das hier sich erhebt
 Verstricken neu in alten Aufruhr sich
 Der Bürgerblut an Bürgerhände klebt
 Aus schlimmem Schoß entspringt den beiden Streitern
 Ein Liebespaar, dem seine Sterne feind
 Das nach unselig klagenswertem Scheitern
 Nur durch sein Sterben sich die Eltern eint.
 Ihr Leidensweg, die todgeweiht sich lieben
 Und ihrer Eltern störrische Ranküne
 Erst durch der Kinder Ende ausgetrieben
 Beleben jetzt zwei Stunden unsre Bühne
 Was euren Ohren fehlt, sich zu ergötzen
 Mag unser Bühnenzauber euch ersetzen.

I, 2

SAMPSON Gregory, das schwöre ich dir, wir lassen nichts auf uns sitzen.
GEREGORY Nee, da wärn wir ja besessen.
SAMPSON Ich mein, wir ziehn auch, wenn wir kein' sitzen ham.
GEREGORY Aber Einsitzen möchten wir auch nicht.
SAMPSON Ich bin feste am mich Schlagen, wenn ich Grund habe.
GEREGORY Aber feste Grund zum dich Schlagen hast du selten.

Samp. A dog of the house of *Mountague* moues me.

Grego. To moue is to stirre, and to be valiant, is to stand: Therefore if thou art moued thou runst away.

Samp. A dog of that house shall moue me to stand: I will take the wall of any man or maide of *Mountagues*.

Grego. That shewes thee a weake slaue, for the weakest goes to the wall.

Samp. Tis true, & therfore women being the weaker vessels are euer thrust to the wall: therfore I wil push *Mountagues* men from the wall, and thrust his maides to the wall.

Greg. The quarell is betweene our maisters, and vs their men.

Samp. Tis all one, I will shew my selfe a tyrant, when I haue fought with the men, I will be ciuil with the aides, I will cut off their heads.

Grego. The heads of the maids.

Samp. I the heads of the maides, or their maiden heads, take it in what sense thou wilt.

Greg. They must take it sense that feele it.

Samp. Me they shall feele while I am able to stand, and tis knowne I am a pretie peece of flesh.

Greg. Tis well thou art not fish, if thou hadst, thou hadst bin poore Iohn: draw thy toole, here comes of the house of *Mountagues*.

Enter two other seruing men.

Samp. My naked weapon is out, quarell, I will back thee.

Greg. How, turne thy backe and runne?

SAMPSON So'n Hund von einem Montague ist schon ein fester Grund.
GEREGORY Ein fester Grund ist gut zum Wegrennen, und ein fester Mut ist gut zum Stehnbleiben: also findest du festen Grund, rennst du weg.
SAMPSON Ein Hund von dem Haus gibt mir schon 'n festen Grund zum Stehnbleiben. Ich spring vor keinem Mann und keiner Maus von Montague zur Seite.
GEREGORY Das zeigt, was für'n Schwachmann du bist, denn nur 'n Schwachmann traut sich keinen Seitensprung.
SAMPSON Genau, und dieweil die Weiber extrem schwache Seiten haben, drum werden sie auch dauernd besprungen: darum beseitige ich Montagues Männer und bespringe seine Mäuschen.
GEREGORY Der Krieg geht zwischen unsern Häuptlingen und uns, ihren Männern.
SAMPSON 's is wurscht. Ich führ mich auf wie 'n Perserkönig: hab ich die Männer besiegt, werd ich zivil und köpf die Mädels.
GEREGORY Du köpfst die Mädels?
SAMPSON Klar, die Jungfraun oder ihre Jungfraunschaft, was denkst du denn?
GEREGORY Was die wohl denken, die's ertragen müssen.
SAMPSON Mich soll'n sie ertragen, was der Stengel hergibt: und das weiß die Welt, daß ich gutes Fleisch bin.
GEREGORY Gut, daß du kein Fisch bist: denn wenn, wärst du 'n Bückling. Hol ihn 'raus, hier kommt wer vom Haus Montague.
SAMPSON Mein Ding ist blank: immer ran, ich bleib dir im Rücken.
GEREGORY Wie? Du zeigst mir den Rücken?

Samp. Feare me not.

Greg. No marrie, I feare thee.

Sam. Let vs take the law of our sides, let them begin.

Gre. I will frown as I passe by, and let them take it as they list.

Samp. Nay as they dare, I wil bite my thumb at them, which is disgrace to them if they beare it.

Abram. Do you bite your thumbe at vs sir?

Samp. I do bite my thumbe sir.

Abra. Do you bite your thumb at vs sir?

Samp. Is the law of our side if I say I?

Greg. No.

Samp. No sir, I do not bite my thumbe at you sir, but I bite my thumbe sir.

Greg. Do you quarell sir?

Abra. Quarell sir, no sir.

Sa. But if you do sir, I am for you, I serue as good a man as you.

Abra. No better.

Samp. Well sir. *Enter Benuolio.*

Greg. Say better, here comes one of my maisters kinsmen.

Sam. Yes better sir.

Abra. You lie.

Samp. Draw if you be men, *Gregorie,* remember thy washing blowe. *They fight.*

Benuo. Part fooles, put vp your swords, you know not what you do.

Enter Tibalt.

Tibalt. What art thou drawne among these hartlesse hindes? turne thee *Benuolio,* looke vpon thy death.

Benuo. I do but keepe the peace, put vp thy sword,

SAMPSON Hab keine Angst.
GEREGORY Vor keinem außer dir.
SAMPSON Laß das Recht für uns sprechen, laß sie anfangen.
GEREGORY Ich werd im Vorbeigehn finster blicken, solln sies nehmen wie sie wollen.
SAMPSON Nee, wie sie sichs traun. Ich zeig ihnen den Finger: halten sie still, sind sie blamiert.
ABRAHAM Zeigt Ihr uns den Finger, Sir?
SAMPSON Ich zeige den Finger, Sir.
ABRAHAM Zeigt Ihr uns den Finger, Sir?
SAMPSON Spricht das Recht für uns, wenn ich Ja sage?
GEREGORY Nein.
SAMPSON Nein, ich zeige euch nicht den Finger, Sir: aber ich zeige den Finger, Sir.
GEREGORY Sucht Ihr Streit, Sir?
ABRAHAM Streit, Sir? Nein, Sir.
SAMPSON Falls doch, Sir, haltet Euch an mich, so gut wie Euer Herr ist meiner schon lange.
ABRAHAM Nicht besser?
SAMPSON Immer schön ruhig, Sir.
GEREGORY Sag 'besser', hier kommt ein Neffe der Herrschaft.
SAMPSON Doch, besser.
ABRAHAM Das lügst du.
SAMPSON Zieht, wenn ihrs wagt. Gregory, denk an deinen Rundschlag.
BENVOLIO Auseinander, Idioten! Die Degen weg, ihr wißt nicht, was ihr tut.

TYBALT Was, gegen diese Hasenherzen ziehst du?
  Hinter dir, Benvolio, steht dein Tod.
BENVOLIO Ich halte Frieden, steck den Degen weg,

or manage it to part these men with me.
Tib. What drawne and talke of peace? I hate the word,
as I hate hell, all *Mountagues* and thee:
Haue at thee coward.
> *Enter three of foure Citizens with Clubs or partysons.*

Offi. Clubs, Bils and Partisons, strike, beate them downe,
Downe with the Capulets, downe with the Mountagues.
> *Enter old* Capulet *in his gowne, and his wife.*

Capu. What noyse is this? giue me my long sword hoe.

Wife. A crowch, a crowch, why call you for a sword?

Cap. My sword I say, old *Mountague* is come,
And florishes his blade in spight of me.
> *Enter old* Mountague *and his wife.*

Mount. Thou villaine *Capulet,* hold me not, let me go.
M. Wife. 2. Thou shalt not stir one foote to seeke a foe.
> *Enter Prince* Eskales, *with his traine.*

Prince. Rebellious subiects enemies to peace,
Prophaners of this neighbour-stayned steele,
Will they not heare? what ho, you men, you beasts:
That quench the fire of your pernicious rage,
With purple fountaines issuing from your veines:
One paine of torture from those bloudie hands,
Throw your mistempered weapons to the ground,
And heare the sentence of your moued Prince.
Three ciuill brawles bred of an ayrie word,
By thee old *Capulet* and *Mountague,*
Haue thrice disturbd the quiet of our streets,
And made *Neronas* auncient Citizens,
Cast by their graue beseeming ornaments,

Oder brauch ihn, sie mit mir zu trennen.
TYBALT Was, zieht und schwatzt von Frieden? Das Wort
Wie die Hölle, alle Montagues und dich.   [haß ich
Komm, Feigling.

BÜRGER Knüppel, Äxte, Spieße, schlagt sie nieder!
Nieder Capulet und Montague!

CAPULET Was für ein Lärm? Langt mir mein Großschwert
her.
LADY Den Stock, den Stock! Was rufst du nach dem
Schwert?
CAPULET Mein Schwert, sag ich: dort naht sich Montague
Und fuchtelt mit der Klinge gegen mich.

MONTAGUE Capulet, du Hund! – Läßt du wohl los!
LADY Nicht einen Fuß setzt du mir in den Krieg.

FÜRST Staatsfeinde, Rebellen, Friedensstörer
Den Stahl mit Blut des Nachbarn euch befleckend
Sind sie taub? Schluß! Tiere mehr als Menschen
Die ihr den Brandherd eurer kranken Wut
Mit Purpurflüssen eurer Adern löscht:
Bei Strafe der Tortur, aus euren roten
Fäusten laßt die Klingen, die ihr grausam
In Blut zu härten wünscht, zu Boden fallen
Und hört den Spruch eures erbosten Fürsten.
Drei Bürgerfehden, leichthin angestiftet
Alter Capulet und Montague
Von euch, zerrissen dreimal schon die Ruhe
Uns der Stadt und brachten selbst die Greise
Veronas dazu, ihren ernsten Kleidschmuck

    To wield old partizans, in hands as old,
    Cancred with peace, to part your cancred hate,
    If euer you disturbe our streets againe,
    Your liues shall pay the forfeit of the peace.
    For this time all the rest depart away:
    You *Capulet* shall go along with me,
    And *Mountague* come you this afternoone,
    To know our farther pleasure in this case:
    To old Free-towne, our common iudgement place:
    Once more on paine of death, all men depart.
                                Exeunt.

Mounta. Who set this aunciente quarell new abroach?
    Speake Nephew, were you by when it began?
Ben. Here were the seruants of your aduersarie
    And yours, close fighting ere I did approach,
    I drew to part them, in the instant came
    The fierie *Tybalt,* with his sword preparde,
    Which as he breath'd defiance to my eares,
    He swoong about his head and cut the windes,
    Who nothing hurt withall, hist him inscorne:
    While we were enterchaunging thrusts and blowes,
    Came more and more, and fought on part and part,
    Till the Prince came, who parted either part.
Wife. O where is *Romeo,* saw you him to day?
    Right glad I am, he was not at this fray.
Benuo. Madam, an houre before the worshipt Sun,
    Peerde forth the golden window of the East,
    A troubled minde driue me to walke abroad,
    Where vnderneath the groue of Syramour,
    That Westward rooteth from this Citie side:
    So early walking did I see your sonne,
    Towards him I made, but he was ware of me,

Abzuwerfen, alte Hellebarden
In gleich alten Händen schwingend, steif
Von Frieden eure steife Wut zu trennen.
Regt ihr jemals wieder Uns die Stadt auf
Zahlt euer Leben die gestörte Eintracht.
Für diesmal sind die Übrigen entlassen:
Ihr folgt mir, Capulet, Ihr, Montague
Wollt Euch nach Mittag zu Gericht bequemen
Da den Spruch der Väter zu vernehmen.
Bei Strafe eures Tods, geht eurer Wege.

MONTAGUE Wer hat den alten Streit neu angefacht?
Sprecht, Neffe, wart Ihr Zeuge, wie er anfing?
BENVOLIO Die Diener Eures Widersachers fochten
Als ich dazu kam, hier mit Euren schon:
Ich zog, um sie zu trennen. Da erscheint
Der wilde Tybalt, mit gezücktem Degen
Den er, mich beschimpfend, um sein Haupt
Die Luft zerschneidend schwingt, die unverwundet
Ihn auszischt: dann, wir tauschen Stich und Hieb
Kamen mehr und mehr auf beiden Seiten
Bis der Fürst die Seiten beide trennte.

LADY MONTAGUE O wo ist Romeo, sahst du ihn schon?
Daß er hier fehlt, freut mich für meinen Sohn.
BENVOLIO Madam, lang bevor die hohe Sonne
Im Osten durch ihr goldnes Fenster lugte
Trieb mich mein Gegrübel aus dem Haus
Westlich der Stadt wurzelt ein Platanenhain
In dessen Dämmer ich ihn gehen sah
So früh. Ich auf ihn zu, doch er bemerkt mich
Und stiehlt sich tiefer ins Gehölz. Ich, seine Stimmung

And stole into the couert of the wood,
I measuring his affections by my owne,
Which then most sought, where most might not be found:
Being one too many by my wearie selfe,
Pursued my humor, not pursuing his,
And gladly shunned, who gladly fled from me.

Mounta. Many a morning hath he there bin seene,
With teares augmenting the fresh mornings deawe,
Adding to cloudes, more clowdes with his deepe sighes,
But all so soone, as the alcheering Sunne,
Should in the farthest East begin to draw,
The shadie curtaines from *Auroras* bed,
Away from light steales home my heauie sonne,
And priuate in his Chamber pennes himselfe,
Shuts vp his windowes, locks faire day-light out,
And makes himselfe an artificiall night:
Blacke and portendous must this humor proue,
Vnlesse good counsell may the cause remoue.

Ben. My Noble Vncle do you know the cause?
Moun. I neither know it, nor can learne of him.
Ben. Haue you importunde him by any meanes?
Moun. Both by my selfe and many other friends,
But he is owne affections counseller,
Is to himselfe (I will not say how true)
But to himselfe so secret and so close,
So farre from sounding and discouerie,
As is the bud bit with an enuious worme,
Ere he can spread his sweete leaues to the ayre,
Or dedicate his bewtie to the same.
Could we but learne from whence his sorrows grow,
We would as willingly giue cure as know.

Enter Romeo.

An meiner messend, die da möglichst suchte
Möglichst nicht entdeckt zu werden, dem
Schon sein bedrücktes Selbst ein Ding zuviel war
Ging meiner Schwermut nach, nicht seiner, und
Mied ihn glücklich, der mich glücklich floh.

MONTAGUE Schon viele Morgen ward er dort gesehen
Den Tau des Morgens tränenreich vermehrend
Zu Wolken fügend Wolken seiner Seufzer.
Doch kaum beginnt im fernsten Ost die Sonne
Die allerfreuende, den schattigen Verhang
Von Auroras Bett zu ziehen, gleich
Stiehlt mein betrübter Sohn sich weg vom Licht
Und sperrt sich heimlich in sein Zimmer ein
Verschließt dem schönen Glanz des Tags die Läden
Und schafft sich eine unwirkliche Nacht:
Zu schwarzem Unheil scheint er mir gestimmt
Wenn guter Rat ihm seinen Grund nicht nimmt.
BENVOLIO Mein edler Onkel, kennt Ihr seinen Grund?
MONTAGUE Ich kenn ihn weder noch verrät er ihn.
BENVOLIO Habt Ihr ihn denn je dazu gedrängt?
MONTAGUE Ich sowohl wie Freunde. Er jedoch
Alleiniger Vertrauter seines Herzens
Ist mit sich selbst (ich kann nicht sagen, einig)
Doch selbst mit sich so heimlich und verschlossen
So jenseits von Erforschen und Enthüllen
Wie eine Knospe, der im Inneren
Ein Wurm frißt und sie hindert, aufzugehen
Und ihre Pracht der Sonne darzubringen.
Führte er uns an des Übels Quelle
Wir wären gern mit Rat und Tat zur Stelle.

Benu. See where he comes, so please you step aside,
  Ile know his greeuance or be much denide.
Moun. I would thou wert so happie by thy stay,
  To heare true shrift, come Madam lets away.
                              Exeunt.

Benuol. Good morrow Cousin.
Romeo. Is the day so young?
Ben. But new strooke nine.
Romeo. Ay me, sad houres seeme long:
  Was that my father that went hence so fast?
Ben. It was: what sadnesse lengthens *Romeos* houres?
Ro. Not hauing that, which hauing, makes them short.
Ben. In loue.
Rom. Out.
Ben. Of loue.
Rom. Out of her fauour where I am in love.
Ben. Alas that loue so gentle in his view,
  Should be so tirannous and rough in proofe.
Romeo. Alas that loue, whose view is muffled still,
  Should without eyes, see pathwaies to his will:
  Where shall we dine? ô me! what fray was here?
  Yet tell me not, for I haue heard it all:
  Heres much to do with hate, but more with loue:
  Why then ô brawling loue, ô louing hate,
  O any thing of nothing first created:
  O heauie lightnesse, serious vanitie,
  Mishapen Chaos of welseeming formes,
  Feather of lead, bright smoke, cold fier, sicke health,
  Still waking sleepe that is not what it is.

BENVOLIO Seht, er kommt. Geruht, Euch zu entfernen
  Bin ich ihm lieb, läßt er den Grund mich lernen.
MONTAGUE Ich wünschte, Ihr erreichtet Euren Zweck
  Und hört die Wahrheit. Madam, kommt hier weg.

I, 3

BENVOLIO Guten Morgen, Freund.
ROMEO   Der Tag so jung?
BENVOLIO Grad schlug es neun.
ROMEO   Ich Ärmster! Gram dehnt Zeit.
  War das mein Vater, der so eilig abging?
BENVOLIO Er wars. Was für ein Gram dehnt Romeos Zeit?
ROMEO Nicht zu haben, was sie, hätt ichs, kürzte.
BENVOLIO Verliebt?
ROMEO Aus.
BENVOLIO Ausverliebt?
ROMEO Aus ihrer Gunst gefallen, die ich liebe.
BENVOLIO O, daß die Liebe, die so freundlich dreinsieht
  Sich als so herrschsüchtig und roh erweist.
ROMEO O, daß die Liebe, die doch selbst nicht sieht
  So augenlos wohin sie will uns zieht.
  Wo tafeln wir? Ach ja, was fiel hier vor?
  Sag besser nichts, ich bin auch schon im Bilde:
  Hier dreht sich viel um Haß, doch mehr um Liebe.
  Nun denn, o Liebe zänkisch, Haß verliebt
  O etwas, zu Beginn aus nichts erschaffen:
  O Leichtes schwer, Bedeutungsloses tief
  Mißratnes Chaos wohlgestalter Formen
  Feder bleiern, Rauch klar, Feuer eisig
  Krankes Gutgehn, immerwacher Schlaf

This loue feele I, that feele no loue in this,
Doest thou not laugh?

Benu. No Coze, I rather weepe.
Rom. Good hart at what?
Benu. At thy good harts oppression.
Romeo. Why such is loues transgression:
Griefes of mine owne lie heauie in my breast,
Which thou wilt propogate to haue it preast,
With more of thine, this loue that thou hast showne,
Doth ad more griefe, to too much of mine owne.
Loue is a smoke made with the fume of sighes,
Being purgd, a fire sparkling in louers eies,
Being vext, a sea nourisht with louing teares,
What is it else? a madnesse, most discreete,
A choking gall, and a preseruing sweete:
Farewell my Coze.
Ben. Soft I will go along:
And if you leaue me so, you do me wrong.
Rom. Tut I haue lost my selfe, I am not here,
This is not *Romeo,* hees some other where.
Ben. Tell me in sadnesse, who is that you loue?
Ro. What shall I grone and tell thee?
Ben. Grone, why no: but sadly tell me who?
Ro. A sicke man in sadnesse makes his will:
A word ill vrgd to one that is so ill:
In sadnesse Cozin, I do loue a woman.
Ben. I aymde so neare, when I supposde you lou'd.
Ro. A right good mark man, and shees faire I loue.
Ben. A right faire marke faire Coze is soonest hit.
Romeo. Well in that hit you misse, sheel not be hit
With *Cupids* arrow, she hath *Dians* wit:

Der nicht ist, was er ist: So fühle ich
Die Liebe, die nicht Liebe fühlt zu sich.
Du lachst nicht?
BENVOLIO   Nein, Freund, eher weine ich.
ROMEO Gutes Herz, um was?
BENVOLIO   Dein gutes Herz, bedrückt.
ROMEO Da sieht man, wohin uns die Liebe rückt.
Mir sprengt mein eigner Kummer schon die Brust
Die du mir prompt noch enger machen mußt
Mit deinem. Diese Liebe da von dir
Fügt noch mehr Last zur schon zu schweren mir.
Liebe ist Rauch, wo Seufzer sie verdunkeln
Ist Feuer, wo verliebte Blicke funkeln
Ist, verschmäht, ein Meer aus Liebesträren
Was ist sie noch? Verstand, der Tollheit freit:
Ist bittre Galle, höchste Süßigkeit.
Machs gut, Freund.
BENVOLIO   Warte, ich begleite dich
Läßt du mich so stehen, kränkst du mich.
ROMEO So stehen ließ ich mich, der ich nicht bin:
Dies ist nicht Romeo, er ist woanders hin.
BENVOLIO Sag mir im Ernst, wer ist sie, die du liebst?
ROMEO Du möchtest, daß ich es dir weinend sage?
BENVOLIO Weinend? Nein, wieso? Nur ernsthaft: wer?
ROMEO Ein Kranker schreibt im Ernst den letzten Willen
Den Wunsch nach mehr Ernst kann er schlecht erfüllen.
Ernsthaft, mein Freund, ich liebe eine Frau.
BENVOLIO Ich traf ins Schwarze mit Du bist verliebt.
ROMEO Ein guter Schütze, und schön ist sie auch.
BENVOLIO Ins schöne Schwarze schießt es sich am besten.
ROMEO Der Schuß ging fehl, sie hat Dianas Witz
Kein Pfeil Cupidos macht ihr einen Ritz

>   And in strong proofe of chastitie well armd,
>   From loues weak childish bow she liues vncharmd.
>   Shee will not stay the siege of louing tearmes,
>   Nor bide th'incounter of assailing eies.
>   Nor ope her lap to sainct seducing gold,
>   O she is rich, in bewtie onely poore,
>   That when she dies, with bewtie dies her store.
>
> *Ben.* Then she hath sworn, that she wil stil liue chaste?
> *Ro.* She hath, and in that sparing, make huge waste:
>   For bewtie steru'd with her seueritie,
>   Cuts bewtie off from all posteritie.
>   She is too faire, too wise, wisely too faire,
>   To merit blisse by making me dispaire:
>   Shee hath forsworne to loue, and in that vow,
>   Do I liue dead, that liue to tell it now.
> *Ben.* Be rulde by me, forget to thinke of her.
> *Ro.* O teach me how I should forget to thinke.
> *Ben.* By giuing libertie vnto thine eyes,
>   Examine other bewties.
> *Ro.* Tis the way to call hers (exquisit) in question more,
>   These happie maskes that kis faire Ladies browes,
>   Being black, puts vs in mind they hide the faire:
>   He that is strooken blind, cannot forget
>   The precious treasure of his eye-sight lost,
>   Shew me a mistresse that is passing faire,
>   What doth her bewtie serue but as a note,
>   Where I may reade who past that passing faire:
>   Farewel, thou canst not teach me to forget,
>
> *Ben.* Ile pay that doctrine, or else die in debt.
>
> > > > > > > > > > > *Exeunt.*

In ihre keusche Rüstung, unbezwinglich
Ist die, dem armen Spielzeug undurchdringlich.
Sie duldet weder schwärmendes Belagern
Noch sucht sie das sich Kreuzen tiefer Blicke
Noch verführt sie Schmuck, der Nonnen schmilzt.
O sie ist reich: dumm nur, daß, wenn sie stirbt
Ihr Schönheitsvorrat ungenutzt verdirbt.
BENVOLIO Sie schwur, das Leben als Jungfrau zu beenden?
ROMEO Sie schwur's und wird im Sparwahn wüst ver-
Denn Schönheit, kurz gehalten bis zum Grab [schwenden!
Trennt alle Nachwelt von der Schönheit ab.
Zu schön ist sie, zu klug, zu klüglich schön
Um als ihr Heil mein Elend anzusehn.
Sie schwor die Liebe ab und in dem Schwur
Leb ich als Leichnam, der ihn hersagt nur.
BENVOLIO Folg meinem Rat: hör auf, an sie zu denken.
ROMEO O lehre mich, wie ich zu denken aufhör.
BENVOLIO Indem du deinen Augen Auslauf gibst
  Bei andrer Schönheit.
ROMEO   Das ist die Methode
Die ihre mir vollauf zurückzurufen.
Ein schwarz verlarvtes Frauenantlitz weckt
In uns den Sinn für das verborgne Schöne
Der Blindgeschlagne kann nicht damit aufhörn
An das verlorne teure Augenlicht zu denken
Zeig mir ein Mädchen, das sie übertrifft:
Wozu ist dessen Schönheit gut als dazu
An sie zu denken, die die Übertreff'rin
Übertrifft. Leb wohl, sie wegzudenken
Lehrst du mich nicht.
BENVOLIO   Ich zahle mit Geduld
Den Lehrgang oder sterb in deiner Schuld.

Enter Capulet, *Countie* Paris, *and the Clowne.*

Capu. But *Mountague* is bound as well as I,
   In penaltie alike, and tis not hard I thinke,
   For men so old as we to keepe the peace.
Par. Of honourable reckoning are you both,
   And pittie tis, you liu'd at ods so long:
   But now my Lord, what say you to my sute?
Capu. But saying ore what I haue said before,
   My child is yet a straunger in the world,
   Shee hath not seene the chaunge of fourteen yeares,
   Let two more Sommers wither in their pride,
   Ere we may thinke her ripe to be a bride.
Pari. Younger then she, are happie mothers made.
Capu. And too soone mard are those so early made:
   Earth hath swallowed all my hopes but she,
   Shees the hopefull Lady of my earth:
   But wooe her gentle *Paris,* get her hart,
   My will to her consent, is but a part.
   And shee agreed, within her scope of choise
   Lyes my consent, and faire according voyce:
   This night I hold, an old accustomd feast,
   Whereto I haue inuited many a guest:
   Such as I loue, and you among the store,
   One more, most welcome makes my number more:
   At my poore house, looke to behold this night,
   Earthtreading starres, that make darke heauen light:
   Such comfort as do lustie young men feele,
   When well appareld Aprill on the heele,
   Of limping winter treads, euen such delight

I, 4

CAPULET Die gleiche Strafe droht auch Montague
 Und für Männer unsres Alters ist es
 Nicht schwierig, denk ich, Frieden zu bewahren.
PARIS Sie stehn in höchstem Ansehn, alle beide
 Daß Sie so lange stritten, ist ein Jammer.
 Was sagt Ihr nun, Mylord, zu meinem Antrag?
CAPULET Ich sage nun, was ich zuvor schon sagte:
 Mein Kind ist in der Welt noch eine Fremde
 Keine vierzehn Jahre sah sie wechseln
 Laßt noch zwei Sommer sich zu Herbsten wandeln
 Bevor wir sie als heiratsfähig handeln.
PARIS Jüngre als sie sind glücklich Mütter worden.
CAPULET Und allzu schnell war'n sie zugrund gerichtet.
 Sie ist meines Lebtags letztes Hoffen
 Die andern schlang die Erde mir hinab.
 Werbt nur um sie, Graf Paris, nehmt sie ein
 Mein Wille wird bloß Teil des ihren sein
 Und sagt sie ja, dürft Ihr darauf vertrauen
 Dass meine Worte ihr Wort unterbauen.
 Zur Nacht wird hier ein altes Fest stattfinden
 Viel liebe Freunde eng mir zu verbinden
 Ihr zählt dazu, und mögt Ihr mich beehren
 Wollt bitte ihre Zahl um Euch vermehren.
 Erdensterne seht Ihr heute Nacht
 Durch die mein Haus den Himmel heller macht
 Wie ein Jüngling, wenn das Frühjahr mit
 Bravour des lahmen Winters Haxen tritt
 Neue Kraft fühlt, so sollt Ihr genießen

Among fresh fennell buds shall you this night
Inherit at my house, heare all, all see:
And like her most, whose merit most shall bee:
Which one more view, of many, mine being one,
May stand in number, though in reckning none.
Come go with me, go sirrah trudge about,
Through faire *Verona,* find those persons out,
Whose names are written there, and to them say,
My house and welcome, on their pleasure stay.

Exit.

Seru. Find them out whose names are written. Here it is written, that the shoo-maker should meddle with his yard, and the tayler with his last, the fisher with his pensill, & the painter with his nets. But I am sent to find those persons whose names are here writ, and can neuer find what names the writing person hath here writ (I must to the learned) in good time.

Enter Benuolio, *and* Romeo.

Ben. Tut man, one fire burnes out, an others burning,
On paine is lesned by an others anguish,
Turne giddie, and be holpe by backward turning:
One desperate greefe, cures with an others languish:
Take thou some new infection to thy eye,
And the rancke poyson of the old will dye.
Romeo. Your Plantan leafe is excellent for that.
Ben. For what I pray thee?
Romeo. For your broken shin.
Ben. Why *Romeo,* art thou mad?

Seht Ihr heut Nacht die Fenchelknospen sprießen
Hier in meinem Haus. Lauscht ihnen allen
Seht alle an, und Euch soll die gefallen
Die es verdient; mein Kind ist auch dabei
Wie hoch Ihr sie einstuft, steht Euch frei.
Kommt, geht mit mir. Du aber, Bürschchen, lauf
Mir durch Verona, such die Menschen auf
Die hier geschrieben stehn, richt ihnen aus
Ich erwarte sie in meinem Haus.

I, 5

DIENER Such die Menschen auf, die hier geschrieben stehn. Es steht geschrieben der Schuster soll bei seiner Elle bleiben und der Schneider bei seinem Leisten, der Fischer bei seinem Pinsel und der Anstreicher bei seinen Netzen, aber mich schickt man los, die Menschen aufzusuchen, die hier geschrieben stehn und ich kann nicht einmal aufsuchen welche Menschen der Schreibemensch hier geschrieben hat. Ich brauch wen Gebildetes. Wie gerufen!

BENVOLIO Ja, Mann, ein Brandherd bringt den andern um
  Ein Schmerz kann einen anderen vermindern
  Vom Drehen schwindlig dreh dich andersrum
  Ein Liebeskummer wird den andern lindern.
   Laß du dein Auge neu sich nur entzünden
   Dann wird das alte Gift daraus verschwinden.
ROMEO Huflattich hilft.
BENVOLIO Wogegen, bitte?
ROMEO Gegen Beinbrüche.
BENVOLIO Romeo, spinnst du?

Rom. Not mad, but bound more then a mad man is:
  Shut vp in prison, kept without my foode,
  Whipt and tormented, and Godden good fellow.
Ser. Godgigoden, I pray sir can you read?
Rom. I mine owne fortune in my miserie.
Ser. Perhaps you haue learned it without booke:
  But I pray can you read any thing you see?
Rom. I if I know the letters and the language.

Ser. Yee say honestly, rest you merrie.
Rom. Stay fellow, I can read.
          He reades the Letter.
SEigneur Martino, *& his wife and daughters: Countie* Anselme *and his bewtious sisters: the Lady widdow of* Vtruuio, *Seigneur* Placentio, *and his louely Neeces:* Mercutio *and his brother* Valentine: *mine Uncle* Capulet *his wife and daughters: my faire Neece* Rosaline, Liuia, *Seigneur* Valentio, *and his Cosen* Tybalt: Lucio *and the liuely* Hellena.

A faire assemblie, whither should they come?
Ser. Vp.
Ro. Whither to supper?
Ser. To our house.
Ro. Whose house?
Ser. My Maisters.
Ro. Indeed I should haue askt you that before.

Ser. Now ile tell you without asking. My maister is the great rich *Capulet,* and if you be not of the house of *Mountagues,* I pray come and crush a cup of wine. Rest you merrie.
Ben. At this same aunciente feast of *Capulets,*

ROMEO Ich spinne nicht und bin doch wie ein Spinner
Angebunden, weggesperrt, verhungert
Verhaun, gepiesackt – Guten Tag, mein Guter.
DIENER Auch so, bester Sir, ich bitt Euch, könnt Ihr lesen?
ROMEO Gewiß, aus meinem Elend mein Befinden.
DIENER Dazu brauchts nicht unbedingt ein Buch. Aber bitte, könnt Ihr auch was lesen, was Ihr seht?
ROMEO Gewiß, sofern ich die Zeichen kenne und die Sprache.
DIENER Brav gesprochen. Viel Glück weiterhin.
ROMEO Warte, Sportsfreund, ich kann lesen. Signor Martino nebst Frau und Töchtern; Graf Anselm und seine entzückenden Schwestern; die verwitwete Lady Vitruvio; Signor Placentio und seine reizenden Nichten; Mercutio und sein Bruder Valentin; mein Onkel Capulet nebst Frau und Töchtern; meine hübschen Nichten Rosalin und Livia; Signor Valentio und sein Vetter Tybalt; Lucio und die liebliche Helena. Ein schöner Verein. Wohin werden sie gebeten?

DIENER Hoch.
ROMEO Zu was? Zum Abendessen?
DIENER Zu unserm Haus.
ROMEO Zu wessen Haus?
DIENER Von meinem Hausherrn das.
ROMEO Recht hast du, nach dem hätte ich dich gleich fragen sollen.
DIENER Dann sag ichs Euch jetzt ungefragt. Mein Hausherr ist der großmächtige reiche Capulet, und seid Ihr nicht vom Haus Montague, bitt schön, kommt und leert ein Glas Wein. Viel Glück weiterhin.
BENVOLIO Zu ihrem altberühmten Hausball laden

Sups the faire *Rosaline* whom thou so loues:
With all the admired beauties of *Verona*,
Go thither, and with vnattainted eye,
Compare her face with some that I shall show,
And I will make thee thinke thy swan a crow.

Ro. When the deuout religion of mine eye.
Maintaines such falshood, then turne teares to fire:
And these who often drownde, could neuer die,
Transparent Hereticques be burnt for liers.
One fairer then my loue, the all seeing Sun,
Nere saw her match, since first the world begun.

Ben. Tut you saw her faire none else being by,
Her selfe poysd with her selfe in either eye:
But in that Christall scales let there be waide,
Your Ladies loue against some other maide:
That I will shew you shining at this feast,
And she shall scant shew well that now seemes best.

Ro. Ile go along no such sight to be showne,
But to reioyce in splendor of mine owne.

Enter Capulets *Wife and Nurse.*

Wife. Nurse wher's my daughter? call her forth to me.
Nurse. *Now by my maidenhead, at twelue yeare old I bad her come, what Lamb, what Ladie-bird, God forbid, Wheres this Girle? what* Iuliet.
      Enter Iuliet.
Iuliet. How now who calls?
Nur. *Your mother.*
Iuli. Madam I am here, what is your will?

Die Capulets dir deine Rosaline
Mitsamt den schönsten Schönen von Verona:
Geh hin und sieh mit unbefangnem Auge
Ein paar, die ich dir zeigen werde, an
Und zu 'ner Krähe mach ich deinen Schwan.
ROMEO Wenn meine Augen, gläubig hingegeben
Nur heuchelten, dann, Tränen, werdet Flammen
Die Ketzer, oft ertränkt, doch noch am Leben
Schmort zu schwarzer Blindheit mir zusammen.
Wen schöneres! Das hohe Himmelslicht
Sah, seit die Welt begann, wen schönres nicht.
BENVOLIO Schien sie dir schön, war keine sonst zugegen
In jedes Auge konnte sie sich legen
Doch laß erst die kristallnen Schalen wiegen
Wenn sie und andre Mädchen darin liegen
Die du durch mich beim Fest wirst schimmern sehen
Und deine Beste, sie wird kaum bestehen.
ROMEO Ich gehe mit, nicht wegen deiner Neuen
Nur um am Glanz der meinen mich zu freuen.

I, 6

LADY CAPULET Amme, wo ist meine Tochter? Ruf sie.
AMME Bei meiner Jungfernschaft im zwölften Jahr
Das tat ich. Heda, Lämmchen! Vögelchen!
Herrgott, wo steckt das Mädchen? Julia!

JULIA Was gibts? Wer ruft?
AMME Die Mutter.
JULIA Madam, da bin ich. Was ist Euer Wunsch?

Wife. This is the matter. Nurse giue leaue a while, we must
talk in secret. Nurse come backe againe, I haue remem-
bred mee, thou'se heare our counsel. Thou knowest my
daughters of a pretie age.

Nurse. *Faith I can tell her age vnto an houre.*

Wife. Shee's not fourteene.

Nurse. *Ile lay fourteene of my teeth, and yet to my teene be it
spoken, I haue but foure, shees not fourteene.
How long is it now to* Lammas tide?

Wife. A fortnight and odde dayes.

Nurse. *Euen or odde, of all daies in the yeare come* Lammas *Eue
at night shall she be fourteen.* Susan *and she, God rest all Chris-
tian soules, were of an age. Well* Susan *is with God, she was too
good for me: But as I said, on* Lammas *Eue at night shall she be
fourteene, that shall shee marrie, I remember it well. Tis since the
Earth-quake now eleuen yeares, and she was weand I neuer shall
forget it, of all the daies of the yeare vpon that day: for I had then
laide worme-wood to my dug, sitting in the sun vnder the Doue-
house wall. My Lord and you were then at* Mantua, *nay I doo
beare a braine. But as I said, when it did taste the worme-wood
on the nipple of my dug, and felt it bitter, pretie foole, to see it
teachie and fall out with the Dugge. Shake quoth the Doue-
house, twas no need I trow to bid me trudge: and since that time*

LADY CAPULET Es geht um – Amme, laß uns kurz allein
Es ist persönlich. Amme, komm zurück
Ich hab mirs überlegt, du sollst uns hören.
Mein Kind kommt, wie du weißt, jetzt in das Alter.
AMME Genau bis auf die Stunde kann ichs sagen.
LADY CAPULET Sie ist noch keine vierzehn.
AMME   Hätt ich statt
Vier Zähnen vierzehn, würd ich sie verwetten
Daß sie noch keine vierzehn ist. Wie weit
Ists bis Johannis?
LADY CAPULET Vierzehn Tage und ein paar.
AMME Paar oder unpaar, von den ganzen Tagen
Im Jahr wird sie just an Johannis vierzehn.
Susan und sie – Gott gebe ihrer Seele
Ruhe – waren eines Alters. Susan wohnt
Bei Gott, sie war zu gut für mich. Doch wie
Gesagt, grad zu Johannis wird sie vierzehn.
Und ob sies wird! Ich weiß es noch genau
Elf Jahre sinds nun, daß die Erde bebte
Und just der Tag von allen Tagen wars
Des Jahres, daß ich sie entwöhnte, nie
Vergeß ichs, denn ich hatte Beifuß
Auf die Brüste mir gelegt und saß
An dem Taubentürmchen in der Sonne.
Mylord und Ihr warn da in Mantua
Was hab ich ein Gedächtnis! Doch wie ich
Schon sagte, kaum, daß sie den Beifuß schmeckte
Auf meinen Warzen und ihn bitter fand
Verzog es gleich den Mund, das arme Würmchen
Und brüllte meine Brust an. 'Rumpel' machte
Da der Taubenturm, und niemand mußte
Mich ermahnen, Fersengeld zu geben.

*it is a leuen yeares, for then she could stand hylone, nay byth
roode she could haue run and wadled all about: for euen the
day before she broke her brow, and then my husband, God be
with his soule, a was a merrie man, tooke vp the child, yea
quoth he, doest thou fall vpon thy face? thou wilt fall backward when thou hast more wit, wilt thou not* Iule? *And by
my holydam, the pretie wretch left crying, and said I: to see
now how a ieast shall come about: I warrant, and I should
liue a thousand yeares, I neuer should forget it: wilt thou not*
Iule *quoth he? and pretie foole it stinted, and said I.*

Old La. Inough of this, I pray thee hold thy peace.
Nurse. *Yes Madam, yet I can not chuse but laugh, to thinke it
should leaue crying, and say I: and yet I warrant it had vpon
it brow, a bump as big as a young Cockrels stone: a perillous
knock, and it cryed bitterly. Yea quoth my husband, fallst
vpon thy face, thou wilt fall backward when thou commest to
age: wilt thou not* Iule? *It stinted, and said I.*

Iuli. And stint thou too, I pray thee Nurse, say I.
Nurse. *Peace I haue done: God marke thee too his grace, thou
wast the prettiest babe that ere I nurst, and I might liue to see
thee married once, I haue my wish.*

Old La. Marrie, that marrie is the very theame
   I came to talke of, tell me daughter *Iuliet,*
   How stands your dispositions to be married?
Iuliet. It is an honor that I dreame not of.

Elf Jahre sind seit diesem Tag vergangen
Und damals stand sie schon, nicht doch, beim Kreuz
Sie lief und watschelte wohin sie wollte
Denn tags zuvor, da fiel sie auf die Nase
Und mein Mann, Gott sei ihm gnädig, es
War ein guter Mann, der hob das Kind
Auf: 'Na', sprach er, 'fällst du auf die Nase?'
Bist du erst schlauer, fällst du auf den Rücken
Was, Jule?' Und, bei Unsrer Lieben Frau
Der Fratz hört auf zu heulen und sagt 'Ja.'
Zuzusehn, wie aus dem Scherz jetzt Ernst wird!
Und leb ich tausend Jahre, das vergeß ich
Garantiert nicht: sagt mein Mann 'Was, Jule?'
Und der Wurm hält inne und sagt 'Ja.'
LADY CAPULET Genug davon, ich bitte dich, schweig still.
AMME Ja, Madam, aber heut noch muß ich lachen:
Denkt nur, sie läßt das Weinen und sagt 'Ja.'
Und hatte doch 'ne Beule auf der Stirn
Garantiert so groß wien Hühnerei
Ein böser Sturz, und sie schrie bitterlich
'Na, fällst du auf die Nase?' spricht mein Mann
'Bist du erst älter, fällst du auf den Rücken
Was, Jule?' Und still ist sie und sagt 'Ja.'
JULIA Und du sei auch still, Amme, sag ich jetzt.
AMME Ich bins ja schon. Gott möge seine Hand
Halten über dich, das liebste Kindchen
Das ich je säugte warst du mir, erleb ich
Noch deine Hochzeit bin ich wunschlos glücklich.
LADY CAPULET Hochzeit, richtig, Hochzeit ist das Thema
Auf das ich kommen wollte. Tochter Julia
Sag mir, was du von einer Heirat hältst?
JULIA Noch träumt mir nicht von einer solchen Ehrung.

Nurse. *An houre, were not I thine onely Nurse, I would say thou hadst suckt wisedome from thy teate.*
Old La. Well thinke of marriage now, yonger then you
Here in *Verona,* Ladies of esteeme,
Are made alreadie mothers by my count.
I was your mother, much vpon these yeares
That you are now a maide, thus then in briefe:
The valiant *Paris* seekes you for his loue.
Nurse. *A man young Lady, Lady, such a man as all the world. Why hees a man of waxe.*
OldLa. *Veronas* Sommer hath not such a flower.
Nurse. *Nay hees a flower, in faith a very flower.*
Old La. What say you, can you loue the Gentleman?
This night you shall behold him at our feast,
Reade ore the volume of young *Paris* face,
And find delight, writ there with bewties pen,
Examine euery married liniament,
And see how one an other lends content:
And what obscurde in this faire volume lies,
Finde written in the margeant of his eyes.
This precious booke of loue, this vnbound louer,
To bewtifie him, onely lacks a Couer.
The fish liues in the sea, and tis much pride
For faire without the faire, within to hide:
That booke in manies eyes doth share the glorie
That in gold claspes locks in the golden storie:
So shall you share all that he doth possesse,
By hauing him, making your selfe no lesse.
Nurse. No lesse, nay bigger women grow by men.
OldLa. Speake briefly, can you like of *Paris* loue?
Iuli. Ile looke to like, if looking liking moue.
But no more deepe will I endart mine eye,

AMME 'Eine Ehrung!' Gabs 'ne zweite Amme
  Meint' ich, mit ihrer Milch sogst du die Weisheit.
LADY CAPULET Dann denke nun an Heirat, jüngere
  Als du, hoch respektable Damen, wurden
  Mütter in Verona, zähl ich recht
  War ich die deine eben in den Jahren
  Da du noch Jungfer bist. Darum in Kürze:
  Der edle Paris wirbt um deine Hand.
AMME Ein Mannsbild, junge Lady, so ein Mannsbild
  Wie es die Welt – ein Mannsbild wie aus Wachs.
LADY CAPULET Veronas Sommer kennt nicht solche Blüte.
AMME Ja, er's 'ne Blüte, echt, 'ne wahre Blüte.
LADY CAPULET Was meinst du, kannst du diesen Herrn
  Auf unserm Fest wirst du ihn sehen, lies das   [wohl lieben?
  Gesicht des jungen Paris wie ein Buch
  Und finde Freude an der Schrift der Schönheit:
  Betrachte es in allen seinen Zügen
  Und wie sie fein sich zueinander fügen
  Und sieh, wie, was das schöne Buch verbirgt
  In dem, was dir sein Blick erläutert, wirkt.
  Dies teure Buch, in Liebe ganz erbötig
  Hat für sein Glück nur einen Einband nötig.
  Das Meer umgibt den Fisch, das schöne Außen
  Will stolz das schöne Innere umbrausen
  Gar mancher mag ein Buch erst dann genießen
  Wenn goldne Spangen goldnes Wort umschließen
  Durch ihn genießt du alles was ihm eigen
  Und wirst dich selbst um nichts geschmälert zeigen.
AMME Geschmälert? Nein, verbreitert – Männer fülln uns.
LADY CAPULET Sag, siehst du, wie euch Paris' Liebe eint?
JULIA Gern will ich sehn, ob Sehen Sehnen meint
  Doch tiefer soll mein Augenpfeil nicht dringen

39

    Then your consent giues strength to make flie.
                              Enter Serving.
Ser. Madam the guests are come, supper seru'd vp, you
   cald, my young Lady askt for, the Nurse curst in the
   Pantrie, and euerie thing in extremitie: I must hence to
   wait, I beseech you follow straight.

Mo. We follow thee, *Iuliet* the Countie staies.
Nur. Go gyrle, seeke happie nights to happie dayes.
                              Exeunt.

Enter Romeo, Mercutio, Benuolio, *with fiue or sixe other Maskers, torchbearers.*

Romeo. What shall this speech be spoke for our excuse?
   Or shall we on without appologie?
Ben. The date is out of such prolixitie,
   Weele haue no *Cupid,* hudwinckt with a skarfe,
   Bearing a Tartars painted bow of lath,
   Skaring the Ladies like a Crowkeeper:
   [Nor no without booke Prologue faintly spoke
   After the Prompter, for our entrance.]

   But let them measure vs by what they will,
   Weele measure them a measure and be gone.
Rom. Giue me a torch, I am not for this ambling,
   Being but heauie I will beare the light.
Mercu. Nay gentle *Romeo,* we must haue you dance.
Ro. Not I beleeue me, you haue dancing shooes
   With nimble soles, I haue a soule of Leade

Als ihr es wünscht, die ihn zum Fliegen bringen.

DIENER Madam, die Gäste treffen ein, das Essen wird aufgetragen, nach Euch wird gerufen, das Fräulein wird gesucht, auf die Amme wird in der Küche geschimpft, und alles steht Kopf: ich muß los, aufwarten, ich bitte Euch, folgt unverzüglich.
LADY CAPULET Geh, Julia, laß den Graf nicht warten.
AMME Froh wie den Tag, Kind, laß die Nacht geraten.

I, 7

ROMEO Solln wir uns mit einer Rede vorstelln
Oder schleichen wir uns wortlos ein?
BENVOLIO Aus der Mode sind die langen Faxen
Wir brauchen nicht Cupido, dem ein Schal
Die Sicht raubt, der mit einem buntbemalten
Tartarenbogen uns die Damen schreckt
Als Vogelscheuche, noch muß unserm Eintritt
Ein Prolog mit einem Spruch voraus gehn
Den man ihm noch dazu soufflieren darf.
Nehmen solln sie uns als was sie wollen
Wir nehmen ein paar Tänze mit, weg sind wir.
ROMEO Ich will die Fackel halten statt zu springen
So düster mir auch ist, beleuchten kann ich.
MERCUTIO Nein, Romeo, mein Guter, du wirst tanzen.
ROMEO Glaub mir, ich nicht. Ihr tragt die richtgen Schuhe
Für einen Tanzsaal. Meine Seele nagelt

    So stakes me to the ground I cannot moue.
Mer. You are a Louer, borrow *Cupids* wings,
    And sore with them aboue a common bound.
Rom. I am too sore enpearced with his shaft,
    To sore with his light feathers, and so bound,
    I cannot bound a pitch aboue dull woe,
    Vnder loues heauie birthen do I sincke.

Horatio. And to sink in it should you burthen loue,
    Too great oppression for a tender thing.
Rom. Is loue a tender thing? it is too rough,
    Too rude, too boystrous, and it pricks like thorne.
Mer. If loue be rough with you, be rough with loue
    Prick loue for pricking, and you beate loue downe,
    Giue me a case to put my visage in,
    visor for a visor, what care I
    What curious eye doth cote deformities:
    Here are the beetle browes shall blush for me.
Benu. Come knock and enter, and no sooner in,
    But euery man betake him to his legs.
Ro. A torch for me, let wantons light of heart
    Tickle the sencelesse rushes with their heeles:
    For I am prouerbd with a graunsire phrase,
    Ile be a candle-holder and looke on,
    The game was nere so faire, and I am done.
Mer. Tut, duns the mouse, the Constables own word:
    If thou art dun, weele draw thee from the mire
    Or saue you reuerence loue, wherein thou stickest
    Vp to the eares, come we burne daylight ho.

Ro. Nay thats not so.
Mer. I meane sir in delay

    Mit Sohlen mich aus Blei fest, still und stumm.
MERCUTIO Du bist ein Liebender: borg dir Cupidos Flügel
    Und schwebe wunderbar hoch überm Boden.
ROMEO Allzu verwundbar bin ich seinem Pfeil
    Um seine Federn wunderbar zu brauchen
    Und so am Boden, daß ich höher nicht
    Dir schweben kann als allerlahmstes Herzweh.
    Mich drückt die schwere Last der Liebe nieder.
MERCUTIO Du willst als Last die Liebe niederdrücken
    Zu viel Gewicht für ein so zartes Ding.
ROMEO Ein zartes Ding? Mir kommt sie rauh vor, grob
    Aufwühlend ist sie, und sie sticht wie Dornen.
MERCUTIO Ist Liebe grob zu dir, sei grob zu ihr
    Stich, wenn sie dich sticht, und du machst sie fertig.
    Gebt für mein Gesicht mir einen Deckel
    'ne Maske für die Maske! Was scherts mich
    Was freche Blicke Unschönheiten nennen:
    Hier ist die Pappstirn, die statt meiner rot wird.
BENVOLIO Kommt, pocht und entert, und sobald wir drin
    Nimmt jeder Zuflucht zu den eignen Beinen.   [sind
ROMEO Gebt mir die Fackel: soll, wer seinen Spaß braucht
    Die stumpfen Binsen mit den Fersen kitzeln
    Ich folge einer alten Spielerweisheit
    Ich halte euch den Leuchter und mich raus
    Das Spiel mag noch so toll sein, ich steig aus.
MERCUTIO Aus die Maus, wie Nachtwächter gern sagen
    Wir ziehn dich raus, dich Karren, aus dem Dreck
    Verzeihung, aus der Liebe, in der du
    Bis zu den Ohren steckst. Bewegt euch, Leute
    Hier leuchten wir dem Tag.
ROMEO   Nein, tut ihr nicht.
MERCUTIO Ich meine, Sir, Vernunft dir zuzuwenden

> We waste our lights in vaine, lights lights by day:
> Take our good meaning, for our iudgement sits,
> Fiue times in that, ere once in our fine wits.

Ro. And we meane well in going to this Mask,
> But tis no wit to go.

Mer. Why, may one aske?

Rom. I dreampt a dreame to night.

Mer. And so did I.

Ro. Well what was yours?

Mer. That dreamers often lie.

Ro. In bed asleep while they do dream things true.

Mer. O then I see Queene Mab hath bin with you:
> She is the Fairies midwife, and she comes in shape no bigger then an Agot stone, on the forefinger of an Alderman, drawne with a teeme of little ottamie, ouer mens noses as they lie asleep: her waggon spokes made of long spinners legs: the couer, of the wings of Grashoppers, her traces of the smallest spider web, her collors of the moonshines watry beams, her whip of Crickets bone, the lash of Philome, her waggoner, a small grey coated Gnat, not half so big as a round litle worme, prickt from the lazie finger of a man. Her Charriot is an emptie Hasel nut, Made by the Ioyner squirrel or old Grub, time out a mind, the Fairie Coatchmakers: and in this state she gallops night by night, throgh louers brains, and then they dreame of loue. On Courtiers knees, that dreame on Cursies strait

Heißt Lampenöl am lichten Tag verschwenden
Wir meinens gut, und dem wohnt Einsicht inne
Fünfmal mehr als jedem der fünf Sinne.
ROMEO Auf dieses Fest zu gehn, mag gut gemeint sein
Von Einsicht zeugt es nicht.
MERCUTIO   Warum denn nicht?
ROMEO Ich träumte einen Traum die Nacht.
MERCUTIO   Wie ich.
ROMEO Was träumte dir?
MERCUTIO   Auch Träumer irren sich.
ROMEO Nicht, wenn ihr Traum im Schlaf an Wahres rührt.
MERCUTIO Oho, dann hat Queen Mab dich visitiert.
Die Wehmutter der Elfenwelt ist sie
Sie kommt, so klein wie ein Achat am Zeige-
Finger eines Ratsherrn, ein Gespann
Von zierlichen Atomen zieht sie und
Fährt über Menschennasen, wenn die schnarchen.
'ne hohle Haselnuß ist ihre Kutsche
Gebaut vom Tischler Eichhorn oder Holzwurm
Die schon seit je die Wagner sind der Elfen
Die Speichen sind gemacht aus Spinnenbeinen
Aus Heimchenflügeln ihr Verdeck, die Zügel
Aus dem Geweb der allerkleinsten Spinne,
Ihr Jochgeschirr aus feuchten Mondscheins Strahlen
Ihr Peitschenstiel aus einem Grillenbein
Die Schnur aus Sommerfäden. Auf dem Kutschbock
Sitzt dir eine Mücke, grau bemäntelt,
Nicht halb so groß wie eins der feisten Würmchen
Die in den Fingern fauler Mädchen nisten.
In diesem Aufzug saust sie Nacht für Nacht
Durchs Hirn Verliebter, und sie träumen Liebe
Ins Knie der Schranzen, denen träumt vom Hofknix

ore Lawyers fingers who strait dreame on fees, ore
Ladies lips who strait one kisses dream, which oft the
angrie Mab with blisters plagues, because their breath
with sweete meates tainted are. Sometime she gallops
ore a Courtiers nose, and then dreames he of smelling
out a sute: and sometime comes she with a tithpigs tale,
tickling a Persons nose as a lies asleepe, then he dreams
of an other Benefice. Sometime she driueth ore a
souldiers neck, and then dreames he of cutting forrain
throates, of breaches, ambuscados, spanish blades: Of
healths fiue fadome deepe, and then anon drums in his
eare, at which he starts and wakes, and being thus
frighted, sweares a praier or two, & sleeps againe: this is
that very Mab that plats the manes of horses in the
night: and bakes the Elfelocks in foule sluttish haires,
which once vntangled, much misfortune bodes.
This is the hag, when maides lie on their backs,
That presses them and learnes them first to beare,
Making them women of good carriage:
This is she.

Romeo. Peace, peace, *Mercutio* peace,
  Thou talkst of nothing.
Mer. True, I talke of dreames:
  Which are the children of an idle braine,
  Begot of nothing but vaine phantasie:
  Which is as thin of substance as the ayre,
  And more inconstant then the wind who wooes?
  Euen now the frozen bosome of the North:
  And being angerd puffes away from thence,

Des Anwalts Finger, der träumt Honorare
Über Frauenlippen, Küsse träumend
Die Mab oft ärgerlich mit Pusteln plagt
Weil Süßzeug ihren Atem faulen macht.
Manchmal quert sie eine Höflingsnase
Der schnuppert träumend dann nach Gunstbeweisen
Und manchmal kitzelt sie mit eines Zehntschweins
Ringelschwanz den Zinken eines Pfarrherrn
Von einer reichern Pfründe träumt ihm dann.
Manchmal befährt sie eines Landsknechts Hals
Der schneidet dann gleich Kehlen ab im Ausland
Träumt Breschen, Hinterhalte, span'sche Klingen
Und klaftertiefe Trinkgelage. Plötzlich
Rührt sie ihm im Ohr die Trommel, er
Schreckt hoch, flucht halb im Schlaf ein, zwei Gebete
Und schnarcht aufs neue. Diese Mab verknotet
Nächtlich Pferdemähnen, und sie schlingt
Uns Elfenlocken ins verfilzte Haar
Die aufzudröseln schweres Unheil bringt.
Schlafenden Mädchen hockt sie auf der Brust
Als Succubus und lehrt sie Druck ertragen
Und was sie sonst noch werden tragen müssen.
Das ist sie –
ROMEO   Ruhig, ruhig, Mercutio, ruhig
Du sprichst von was nicht ist.
MERCUTIO   Genau, von Träumen
Den Ausgeburten stillgelegter Hirne
Gezeugt von nichts als leerer Phantasie
Die aus so dünnem Kram ist wie die Luft
Und wechselhafter als der Wind, der erst
Dem Norden um die Eisbrust streicht, und dann
Abgewiesen, schnaubend von da weg

> Turning his side to the dewe dropping South.

Ben. This wind you talk of, blows vs from our selues,
> Supper is done, and we shall come too late.

Ro. I feare too earlie, for my mind misgiues,
> Some consequence yet hanging in the starres,
> Shall bitterly begin his fearfull date,
> With this nights reuels, and expire the terme
> Of a despised life closde in my brest:
> By some vile fofreit of vntimely death.
> But he that hath the stirrage of my course,
> Direct my sute, on lustie Gentlemen.

Ben. Strike drum.
> *They march about the Stage, and Seruing men come forth with Napkins.*

Ser. Wheres Potpan that he helpes not to take away?
> He shift a trencher, he scrape a trencher?

1. When good manners shall lie all in one or two mens hands And they vnwasht too, tis a foule thing.

Ser. Away with the ioynstooles, remoue the Courtcubbert, looke to the plate, good thou, saue me a peece of March-pane, and as thou loues me, let the porter let in *Susan Grindstone,* and *Nell, Anthonie* and *Potpan.*

2. I boy readie.

Ser. You are lookt for, and cald for, askt for, and sought for in the great chamber.

Dem feuchten Süden seine Flanke zudreht.
BENVOLIO Der Wind, den du machst, bläst uns von uns
Gegessen wurde schon, wir sind zu spät.   [selbst weg:
ROMEO Ich fürchte, noch zu früh, denn mir ahnt Schlimmes
Ein Unheil, in den Sternen hängend noch
Tut heute Nacht, bei dieser Tanzerei
Zu seinem Schreckenslauf den bittren ersten
Schritt und kürzt in meiner Brust die Frist
Des ungeliebten Lebens, das sie einschließt
Per Strafe eines unzeitigen Todes.
Doch er, mein Steuermann bis hier, hält auch
Hinfort das Ruder: Auf, ihr muntren Herren!
BENVOLIO Trommeln!

I, 8

1. DIENER Wo steckt Panntopf, daß er nicht hilft abräumen? Gib dem 'n Tranchierbrett, laß den 'n Tranchierbrett scheuern!
2. DIENER Wenn die feine Art in den Händen von ein oder zwei Männern liegt und die sind auch noch ungewaschen, dann siehts übel aus.
1. DIENER Weg mit den Aushilfsstühlen, räumt den Beistelltisch ab, paßt mit dem Geschirr auf! Mein Gutester, reservier mir das Restchen Marzipan, und wenn du mich lieb hast, sagst du dem Türfritzen er soll Suse Schleifstein und Nelly, Anton und Panntopf reinschicken.
2. DIENER Kommen, Jungchen.
1. DIENER Nach euch schaut man und ruft man, fragt man und sucht man im Großen Saal.

3. We cannot be here and there too, chearely boyes,
   Be brisk a while, and the longer liuer take all.

   Exeunt.

   Enter all the guests and gentlewomen to the
   Maskers.

1. *Capu.* Welcome gentlemen, Ladies that haue their toes
   Vnplagued with Cornes, will walke about with you:
   Ah my mistesses, which of you all
   Will now denie to daunce, she that makes daintie,
   She Ile swear hath Corns: am I come neare ye now?
   Welcome gentlemen, I haue seene the day
   That I haue worne a visor and could tell
   A whispering tale in a faire Ladies eare:
   Such as would please: tis gone, tis gone, tis gone,
   You are welcome, gentlemen come, Musitions play.
   Musick playes and they dance.
   A hall, a hall, giue roome, and foote it gyrles,
   More light you knaues, and turne the tables vp:
   And quench the fire, the roome is growne too hot.
   Ah sirrah, this vnlookt for sport comes well:
   Nay sit, nay sit, good Cozin *Capulet,*
   For you and I are past our dauncing dayes:
   How long ist now since last your selfe and I
   Were in a maske?
2. *Capu.* Berlady thirtie yeares.
1. *Capu.* What man tis not so much, tis not so much,
   Tis since the nuptiall of *Lucientio:*
   Come Pentycost as quickly as it will,

4./5./6./7. DIENER Wir können nicht hier und da zur gleichen Zeit sein. Immer feste, Leute! Wer am längsten lebt, wird als letzter gefressen.

I, 9

CAPULET Willkommen, Gentlemen! Die Ladies, denen
Die Zehen frei von Hühneraugen sind
Wollen eine Runde mit Euch drehen.
Haha, meine Damen! Wer von Ihnen
Kann jetzt noch einen Tanz abschlagen? Ziert sich
Eine, hat sie Hühneraugen! Wetten?
Willkommen, Gentlemen, es gab die Zeit
Da war ich selbst maskiert und flüsterte
Einer schönen Dame was ins Ohr
Das ihr gefiel: Dahin, dahin, dahin!
Ihr seid willkommen, Gentlemen. Musik
Spielt auf! Macht Platz, macht Platz! Und, Mädchen, rührt
Die Füße! Licht, ihr Trottel! Weg die Tische!
Macht den Kamin aus, es ist viel zu warm hier.
Ach, Vetter Capulet, erfreulich, so ein Anblick:
Wollt Ihr wohl sitzenbleiben, Vetter, setzt Euch
Wir beiden habens Tanzbein abgelegt.
Wie lang ists her, daß Ihr und ich zuletzt
Auf einem Maskenfest warn?
VETTER CAPULET   Dreißig Jahre?
CAPULET Ei was, Mann, so lang nicht, nicht so lang: 's war
Bei Lucentios Hochzeit, und an Pfingsten
Sinds, seit wir tanzten, fünfundzwanzig Jährchen.

Some fiue and twentie yeares, and then we maskt.
2. *Capu.* Tis more, tis more, his sonne is elder sir:
His sonne is thirtie.
1. *Capu.* Will you tell me that?
His sonne was but a ward 2. yeares ago.
Ro. What Ladies that which doth enrich the hand
Of yonder Knight?
Ser. I know not sir.
Ro. O she doth teach the torches to burn bright:
It seemes she hangs vpon the cheeke of night:
As a rich Iewel in an Ethiops eare,
Bewtie too rich for vse, for earth too deare:
So showes a snowie Doue trooping with Crowes,
As yonder Lady ore her fellowes showes:
The measure done, Ile watch her place of stand,
And touching hers, make blessed my rude hand.
Did my hart loue till now, forsweare it sight,
For I nere saw true bewtie till this night.
Tibal. This by his voyce, should be a *Mountague.*
Fetch me my Rapier boy, what dares the slaue
Come hither couerd with an anticque face,
To fleere and scorne at our solemnitie?
Now by the stocke and honor of my kin,
To strike him dead, I hold it not a sin.
Capu. Why how now kinsman, wherefore storme you so?
Tib. Vncle, this is a *Mountague* our foe:
A villaine that is hither come in spight,
To scorne at our solemnitie this night.
Cap. Young *Romeo* is it.
Tib. Tis he, that villaine *Romeo.*
Capu. Content thee gentle Coze, let him alone,
A beares him like a portly Gentleman:

VETTER CAPULET Viel mehr, viel mehr, da ist sein Sohn ja
  Sir, sein Sohn ist dreißig.   [älter
CAPULET   Was Ihr redet
  Sein Sohn war vor zwei Jahren noch ein Kind.
ROMEO Die Lady, welche da die Hand des Ritters
  Bereichert, weißt du, wer das ist?
DIENER   Ich nicht, Sir.
ROMEO O Fackeln, lernt von ihr, was Glanz ausmacht!
  Es scheint, sie hinge an dem Ohr der Nacht
  Wie ein Juwel vor einer dunklen Wange
  Schönheit zu schön für irdische Belange
  Gleich einer Taube, zwischen Krähen weiß
  Zeigt sich die Lady in der Damen Kreis
  Nach diesem Tanz will ich ihr kurz begegnen
  Und meine Hand, an ihre rührend, segnen
  Kennt mein Herz Liebe? Blick, hast dus gedacht?
  Was Schönheit ist, weißt du seit heute Nacht.
TYBALT Der Rede nach ist das ein Montague.
  Meinen Degen, Junge. Was, das Schwein
  Wagt hinter einer Maske sich hierher
  Um unser Fest zu höhnen und zu spotten?
  Nun denn, bei Ruhm und Ehre meiner Ahnen
  Wer will, schlag ich ihn tot, mich Sünder mahnen?
CAPULET Wie, was denn, Neffe, was macht Euch so wild?
TYBALT Onkel, da ist ein Montague, ein Feind
  Der trotz des Verbots sich aufgemacht
  Um unser Fest zu höhnen heute Nacht.
CAPULET Ist das Jung-Romeo?
TYBALT   's ist er, der Hund.
CAPULET Beruhigt Euch, lieber Neffe, laßt ihn gehn.
  Er führt sich auf wie nur ein Gentleman

> And to say truth, *Verona* brags of him,
> To be a vertuous and welgouernd youth,
> I would not for the wealth of all this Towne,
> Here in my house do him disparagement:
> Therefore be patient, take no note of him,
> It is my will, the which if thou respect,
> Shew a faire presence, and put off these frownes,
> An illbeseeming semblance for a feast.

Tib. It fits when such a villaine is a guest,
> Ile not endure him.

Capu. He shall be endured.
> What goodman boy, I say he shall, go too,
> Am I the master here or you? go too,
> Youle not endure him, god shall mend my soule,
> Youle make a mutinie among my guests:
> You wil set cock a hoope, youle be the man.

Ti. Why Vncle, tis a shame.

Capu. Go too, go too,
> You are a sawcie boy, ist so indeed?
> This trick may chance to scath you I know what,
> You must contrarie me, marrie tis time,
> Well said my hearts, you are a princox, go,
> Be quiet, or more light, more light for shame,
> Ile make you quiet (what) chearely my hearts.

Ti. Patience perforce, with wilfull choller meeting,
> Makes my flesh tremble in their different greeting:
> I will withdraw, but this intrusion shall
> Now seeming sweet, conuert to bittrest gall.

> > > > > > > > > > > *Exit.*

Und auch ansonsten rühmt Verona ihn
Als ernsthaften und gut erzognen Jüngling:
Und gälts die Wohlfahrt dieser Stadt, ich möchte
In meinem Haus ihm keinen Eintrag tun
Darum beherrscht Euch, nehmt ihn nicht zur Kenntnis.
So will ichs und zum Zeichen des Respekts
Zeigt Ihr Euch freundlich und entrunzelt Euch
Eure Miene steht dem Fest mitnichten an.
TYBALT Sie paßt, wenn so ein Gauner sich hier einschleicht
Ich duld es nicht.
CAPULET   Du wirst es dulden, hörst du?
Du wirst es, Knabe, weil ich es dir sage!
Hat man Töne! Bin ich hier der Hausherr
Oder du? Hat man Töne! Du nicht es dulden?
So wahr mir Gott helfe, einen Aufruhr will er
Unter meinen Gästen stiften, will
Glatt dem Faß den Boden aushaun, der!
TYBALT Aber, Onkel, es ist eine Schande!
CAPULET Hat man Töne! So ein Frechling! Ists das?
Das Wort wird dir noch leid tun, du wirst sehn.
Du und mir widersprechen, soweit kommts noch.
Gut gemacht, ihr Lieben. - Unverschämter
Verschwinde, halt das Maul - Mehr Licht, mehr Licht!
Oder ich stopf es dir. - Habt Spaß, ihr Lieben!

TYBALT Wut weiß ihr Ziel, Geduld will es nicht wissen
Mich schauderts, müssen sie in mir sich grüßen.
Ich ziehe mich zurück: Uns bloßzustellen
Das will ich noch dem Eindringling vergällen.

Ro. If I prophane with my vnworthiest hand,
   This holy shrine, the gentle sin is this,
   My lips two blushing Pylgrims did readie stand,
   To smoothe that rough touch with a tender kis.
Iu. Good Pilgrim you do wrong your hand too much
   Which mannerly deuocion showes in this,
   For saints haue hands, that Pilgrims hands do tuch,
   And palme to palme is holy Palmers kis.
Ro. Haue not Saints lips and holy Palmers too?
Iuli. I Pilgrim, lips that they must vse in praire.
Rom. O then deare Saint, let lips do what hands do,
   They pray (grant thou) least faith turne to dispaire.
Iu. Saints do not moue, though grant for praiers sake.
Ro. Then moue not while my praiers effect I take,
   Thus from my lips, by thine my sin is purgd.
Iu. Then haue my lips the sin that they haue tooke.
Ro. Sin from my lips, ô trespas sweetly vrgd:
   Giue me my sin againe.
Iuli. Youe kisse bith booke.
Nur. Madam your mother craues a word with you.
Ro. What is her mother?
Nurs. Marrie Batcheler,
   Her mother is the Lady of the house,
   And a good Ladie, and a wise and vertuous,
   I Nurst her daughter that you talkt withall:
   I tell you, he that can lay hold of her
   Shall haue the chincks.

Ro. Is she a *Capulet*?
   O deare account! my life is my foes debt.

I, 10

ROMEO Entweihe ich mit würdeloser Hand
Dies Heiligtum, soll süße Buße eilen
Zwei Lippen, scheue Pilger, sind imstand
Die Grobheit Euch mit einem Kuß zu heilen.
JULIA Wollt nicht die Hand des Unrechts überführen
Die Anbetung mit Anstand zeigen muß
Ein Pilger darf der Heil'gen Hand berühren
Und Hand auf Hand ist frommer Pilger Kuß.
ROMEO Wo Heilige und Pilger Lippen haben?
JULIA Ja, Lippen, aufs Gebet sie zu verwenden.
ROMEO O, gäben Lippen was die Hände gaben –
Sie beten, du erhör sie, solls gut enden.
JULIA Dem Beter sagt kein Mucks, ob er erhört wird.
ROMEO Dann keinen Mucks, wenn, was ich bat, gewährt
So nahm dein Mund von meinem meine Sünde.   [wird.
JULIA Dann liegt auf meinem Mund die Sünde nur.
ROMEO Die meines Munds? Da ich mich sündig finde:
Gib sie zurück.
JULIA   Ihr küßt recht nach der Schnur.
AMME Madam, Eure Mutter will Euch sprechen.
ROMEO Wer ist ihre Mutter?
AMME   Ei ja, Junker
Ihre Mutter ist die Herrin hier
Vom Hause und ist eine edle Dame
Und klug und ehrsam ist sie obendrein.
Ich war Amme ihrer Tochter, die
Mit der Ihr spracht, und sag Euch, wer die abkriegt
Sitzt in der Wolle.
ROMEO   Eine Capulet?
O Liebespreis! Beim Feind am Schuldenbrett.

Ben. Away begon, the sport is at the best.
Ro. I so I feare, the more is my vnrest.
Capu. Nay gentlemen prepare not to be gone,
   We haue a trifling foolish banquet towards:
   Is it ene so? why then I thanke you all.
   I thanke you honest gentlemen, good night:
   More torches here, come on, then lets to bed.
   Ah sirrah, by my faie it waxes late,
   Ile to my rest.
Iuli. Come hither Nurse, what is yond gentleman?

Nurs. The sonne and heire of old *Tyberio.*
Iuli. Whats he that now is going out of doore?

Nur. Marrie that I thinke be young *Petruchio.*
Iu. Whats he that follows here that wold not dance?
Nur. I know not.
Iuli. Go aske his name, if he be married,
   My graue is like to be my wedding bed.
Nurs. His name is *Romeo,* and a *Mountague,*
   The onely sonne of your great enemie.
Iuli. My onely loue sprung from my onely hate,
   Too earlie seene, vnknowne, and knowne too late,
   Prodigious birth of loue it is to mee,
   That I must loue a loathed enemie.
Nurs. Whats tis? whats tis
Iu. A rime I learnt euen now
   Of one I danct withall.

               One cals within Iuliet.

Nurs. Anon, anon:
   Come lets away, the strangers all are gone.

                              Exeunt.

BENVOLIO Komm, laß uns abhaun, toller wirds nicht hier.
ROMEO Du sagst es: um so mulmiger wird mir.
CAPULET Nicht, Gentlemen, wollt nicht zum Gehen rüsten
Ein Scherz von einem Nachtisch harret Eurer:
Ach, so ist das? Nun denn, ich danke Euch.
Ich danke Euch, ihr Herren, gute Nacht:
Mehr Fackeln noch: Kommt, besser schnell zu Bett.
Ah, junges Herrchen, es wird höchste Zeit
Ich brauche Ruhe.
JULIA   Amme, komm her! Wer
Ist dort der Gentleman?
AMME Tiberios Sohn und Erbe.
JULIA   An der Tür der
Wer ist das?
AMME Das, will ich meinen, ist Petruchio junior.
JULIA Der nächste, der nicht tanzen wollte, ist?
AMME Keine Ahnung.
JULIA Lauf, frag ihn, wie er heißt: Ist er vermählt
Hab ich das Grab als Hochzeitsbett gewählt.
AMME Romeo heißt er, ist ein Montague
Eures großen Feinds einziger Sohn.
JULIA Eins sind mein einzig Lieben und mein Hassen.
Vorschnell gefühlt, doch so schnell nicht zu lassen
Als Monstrum wird die Liebe mir geboren
Die ich mir den Familienfeind erkoren.
AMME Was, was?
JULIA   Ein Reim ist das, den mir ein Tänzer
Vorhin beigebracht hat.

AMME   So. Schön, schön.
Weg sind die Fremden. Komm, Kind, laß uns gehn.

Chorus.
>Now old desire doth in his deathbed lie,
>And young affection gapes to be his heire,
>That faire for which loue gronde for and would die,
>With tender *Iuliet* match, is now not faire.
>Now *Romeo* is beloued, and loues againe,
>Alike bewitched by the charme of lookes:
>But to his foe supposd he must complaine,
>And she steale loues sweete bait from fearful hookes:
>Being held a foe, he may not haue accesse
>To breathe such vowes as louers vse to sweare,
>And she as much in loue, her meanes much lesse,
>To meete her new beloued any where:
>But passion lends them power, time meanes to meete,
>Tempring extremities with extreeme sweete.

Enter Romeo *alone.*

Ro. Can I go forward when my heart is here,
>Turne backe dull earth and find thy Center out.
>>*Enter* Benuolio *with* Mercutio.
Ben. Romeo, my Cosen *Romeo, Romeo.*
Mer. He is wise, and on my life hath stolne him home to bed.
Ben. He ran this way and leapt this Orchard wall.
>Call good *Mercutio:*
>Nay Ile coniure too.
Mer. Romeo, humours, madman, passion louer,

II, 1

CHOR
Auf seinem Totenbett liegt früheres Verlangen
Und neue Wonne giert, es zu beerben
Die Schönheit, über die ihm nichts gegangen
Sieht man vor Julias Schönheit sich entfärben.
Geliebt wird Romeo nun, und er liebt wieder
Behext von Zauberblicken ist ein jeder:
Nur singt er ihr, der Feindin, Klagelieder
Sie schnappt von Schreckenshaken Liebesköder:
Als Feind steht ihm kein Zugang zu ihr offen
Ihr seine Liebe, wie es Brauch ist, zu beschwören
Und sie darf, auch verliebt, noch wen'ger hoffen
Daß da ein Ort sei, ihren Liebsten anzuhören:
Doch niemand kann Gefühl und Dauer hindern
Extreme Lagen extrem sanft zu lindern.

II, 2

ROMEO Wie kann ich weitergehn, wenn dort mein Herz ist?
Kehr um, Planet, such dein Zentralgestirn.

BENVOLIO Romeo, Vetter Romeo, Romeo!
MERCUTIO   Er ist nicht blöd
Und hat nach Haus sich in sein Bett verdrückt.
BENVOLIO Er lief zur Gartenmauer und stieg 'rüber.
Mercutio, ruf du.
MERCUTIO   Nee, ich beschwör ihn.
Romeo, du liebestoller Schwachkopf

Appeare thou in the likenesse of a sigh,
Speake but on rime and I am satisfied:
Crie but ay me, Pronounce but Loue and Doue,
Speake to my gossip *Venus* one faire word,
One nickname for her purblind sonne and heir,
Young *Abraham*: *Cupid* he that shot so true,
When King *Cophetua* lou'd the begger mayd.

He heareth not, he stirreth not, he moueth not,
The Ape is dead, and I must coniure him.
I coniure thee by *Rosalines* bright eyes,
By her high forehead, and her Scarlet lip,
By her fine foot, straight leg, and quiuering thigh,
And the demeanes, that there adiacent lie,
That in thy likenesse thou appeare to vs.
Ben. And if he heare thee thou wilt anger him.
Mer. This cannot anger him, twould anger him
 To raise a spirit in his mistresse circle,
 Of some strange nature, letting it there stand
 Till she had laid it, and coniured it downe,
 That were some spight.
 My inuocation is faire & honest, in his mistres name,
 I coniure onely but to raise vp him.
Ben. Come, he hath hid himselfe among these trees
 To be consorted with the humerous night:
 Blind is his loue, and best befits the darke.
Mer. If loue be blind, loue cannot hit the marke,
 Now will he sit vnder a Medler tree,
 And wish his mistresse were that kind of fruite,
 As maides call Medlers, when they laugh alone.
 O *Romeo* that she were, ô that she were
 An open Et cetera, thou a Poprin Peare.

Erscheine uns, gestaltet wie ein Seufzer
Sprich einen Reimvers und schon bin ich still:
Heul einmal 'Weh mir', häng an 'Liebe' 'Triebe'
Gib Tantchen Venus nur ein nettes Stichwort
Wie kurzsichtig ihr Sohn und Erbe ist
Cupido, das steinalte Kleinkind, er
Der Superschütze, der so trefflich zielte
Als King Cophetua das Bettelmädchen freite.
Er höret nix, er saget nix, er rühret nix
Der Aff' ist tot, ich muß ihn auferwecken:
Ich beschwöre dich bei Rosalines Sternblick
Bei ihrer Marmorstirn und Scharlachlippe
Den Füßchen, vollen Waden, Puddingschenkeln
Und der Domäne, die an diese angrenzt:
Zeig dich uns in eigener Gestalt.
BENVOLIO Hört er dich, so wirst du ihn verärgern.
MERCUTIO Das kann ihn nicht ärgern, ärgern könnts ihn
Ein Gespenst im Tor der Dame aufzurichten
Von fremder Machart und da stehn zu haben
Bis sie es schlaff und wehrlos bannt – das wäre
Schon eher boshaft. Meine Anrufung
Ist lieb und sittsam und in Rosas Sinn
Denn sie beschwör ich, um ihn hochzubringen.
BENVOLIO Komm, er versteckt sich zwischen diesen Bäumen
Und hält es mit der launenhaften Nacht
Wer blind vor Liebe ist, der kennt kein Dunkel.
MERCUTIO Wär Liebe blind, sie träfe nicht ins Ziel.
Nun sitzt er unter einem Mispelbaum
Und wünscht, die Freundin sei die Art von Frucht
Die Mädchen unter sich zum Lachen reizt
O Romeo, wäre sies, o wäre sies
'n Fotzenappel für die Langstielbirne.

> *Romeo* goodnight, ile to my truckle bed,
> This field-bed is too cold for me to sleepe,
> Come shall we go?
> *Ben.* Go then, for tis in vaine to seeke him here
> That meanes not to be found.   *Exit.*

> *Ro.* He ieasts at scarres that neuer felt a wound,
> But soft, what light through yonder window breaks?
> It is the East, and *Iuliet* is the Sun.
> Arise faire Sun and kill the enuious Moone,
> Who is alreadie sicke and pale with greefe,
> That thou her maide art far more faire then she:
> Be not her maide since she is enuious,
> Her vestall liuery is but sicke and greene,
> And none but fooles do weare it, cast it off:
> It is my Lady, ô it is my loue, ô that she knew she wer,
>
> She speakes, yet she saies nothing, what of that?
> Her eye discourses, I will answere it:
> I am too bold, tis not to me she speakes:
> Two of the fairest starres in all the heauen,
> Hauing some busines to entreate her eyes,
> To twinckle in their spheres till they returne.
>
> What if her eyes were there, they in her head,
> The brightnesse of her cheek wold shame those stars,
> As day-light doth a lampe, her eye in heauen,
> Would through the ayrie region streame so bright,

Romeo, gut Nacht, ich muß ins Bettchen
Die Rasenbank ist mir zu kühl zum Pofen.
Komm, gehn wir?
BENVOLIO   Gehn wir, denn vergeblich suchen
Wir hier ihn, der gerne ungefunden.

II, 3

ROMEO Wer über Narben lacht, weiß nichts von Wunden.
Still doch. Welch ein Glanz bricht dort durchs Fenster?
Es ist der Osten, Julia die Sonne
Sonne, geh auf und bring den Neider Mond um
Der schon ganz fahl und krank vor Ärger ist
Daß du ihn, dem du dienst, an Leuchtkraft ausstichst.
Diene ihm nicht mehr, denn er will dir übel
Sein weißes Priesterkleid strahlt giftig grün
Und nur Verrückte tragen es, wirfs ab.
Sie ist es, meine Lady. O sie ist es
Meine Liebe. O, daß sie es wüßte!
Sie sagt etwas, doch ohne Worte. Macht nichts!
Ihr Auge spricht, ich will ihm Antwort geben
Ich bin zu frech, sie redet nicht zu mir
Zwei von des hohen Himmels schönsten Sternen
Beauftragt, anderswo zu funkeln, bitten
Ihre Augen, sie an ihrer Sphäre
Bis zu ihrer Rückkehr zu vertreten.
Was, wenn da oben ihre Augen wären
Und die Sterne hier in ihrem Kopf?
Beschämen würd der Glanz auf ihren Wangen
Die Sterne wie der Tag den Schein der Lampe
Ihr Augenpaar am Himmel und den Luftraum
Durchströmte ein solch überhelles Licht

    That birds would sing, and thinke it were not night:
    See how she leanes her cheeke vpon her hand.
    O that I were a gloue vpon that hand,
    That I might touch that cheeke.
Iu. Ay me.
Ro. She speakes.
    Oh speake againe bright Angel, for thou art
    As glorious to this night being ore my head,
    As is a winged messenger of heauen
    Vnto the white vpturned wondring eyes,
    Of mortalls that fall backe to gaze on him,
    When he bestrides the lazie puffing Cloudes,
    And sayles vpon the bosome of the ayre.
Iuli. O *Romeo, Romeo,* wherefore art thou *Romeo*?
    Denie thy father and refuse thy name:
    Or if thou wilt not, be but sworne my loue,
    And ile no longer be a *Capulet.*
Ro. Shall I heare more, or shall I speake at this?
Iu. Tis but thy name that is my enemie:
    Thou art thy selfe, though not a *Mountague,*
    Whats *Mountague*? it is nor hand nor foote,
    Nor arme nor face, ô be some other name
    Belonging to a man.
    Whats in a name that which we call a rose,
    By any other word would smell as sweete,
    So *Romeo* would were he not *Romeo* cald,
    Retaine that deare perfection which he owes,
    Without that tytle, *Romeo* doffe thy name,
    And for thy name which is no part of thee,
    Take all my selfe.
Ro. I take thee at thy word:
    Call me but loue, and Ile be new baptizde,

Daß Vögel sängen, meinend, Nacht seis nicht.
Sieh, wie sie ihre Wange in die Hand stützt
O wäre ich auf dieser Hand ein Handschuh
An diese Wange mich zu schmiegen.
JULIA   Ach, ich.
ROMEO Sie spricht. O sprich mehr, lichtes Himmelswesen
Von über mir scheinst du durch diese Nacht
Wie ein beflügelter Kurier der Höhe
Den Sterbliche mit weiß verdrehten Augen
Bestaunen, rücklings fallend, kommt er
Auf träg sich blähendem Gewölk gesegelt
Quer über die gewölbte Brust der Luft.

JULIA O Romeo, Romeo, was heißt du Romeo?
Den Vater leugne, streif den Namen ab
Oder, willst du das nicht, schwör, du liebst mich
Und ich bin eine Capulet gewesen.
ROMEO Was tu ich? Hör ich weiter oder sag was?
JULIA 's ist nur dein Name, der mein Gegner ist
Du bleibst du selbst, ob Montague, ob nicht
Was ist mir Montague? Ist handlos, fußlos
Hat nicht Arm noch Antlitz und auch sonst nichts
Von einem Mann. O wechsle deinen Namen!
Was macht ein Name aus? Die Rose duftet
Genauso süß, wenn wir sie anders nennen
So würde Romeo, nicht Romeo genannt
Das liebe Inbild bleiben, das er ist
Ganz gleich mit welchem Namen. Romeo
Leg deinen Namen ab und für den Namen
Der du nicht bist, nimm mich.
ROMEO   Ich nehme dich
Bei deinem Wort: du nenne mich Geliebter

    Henceforth I neuer will be *Romeo*.
Iuli. What man art thou, that thus beschreend in night
    So stumblest on my counsell?
Ro. By a name, I know not how to tell thee who I am:
    My name deare saint, is hatefull to my selfe,
    Because it is an enemie to thee,
    Had I it written, I would teare the word.

Iuli. My eares haue yet not drunk a hundred words
    Of thy tongus vttering, yet I know the sound.
    Art thou not *Romeo,* and a *Mountague*?
Ro. Neither faire maide, if either thee dislike.
Iuli. How camest thou hither, tel me, and wherfore?
    The Orchard walls are high and hard to climbe,
    And the place death, considering who thou art,
    If any of my kinsmen find thee here.

Ro. With loues light wings did I orepearch these walls,
    For stonie limits cannot hold loue out,
    And what loue can do, that dares loue attempt:
    Therefore thy kinsmen are no stop to me.

Iu. If they do see thee, they will murther thee.
Ro. Alack there lies more perill in thine eye,
    Then twentie of their swords, looke thou but sweete,
    And I am proofe against their enmitie.
Iuli. I would not for the world they saw thee here.
Ro. I haue nights cloake to hide me fron their eies,
    And but thou loue me, let them finde me here,
    My life were better ended by their hate,
    Then death proroged wanting of thy loue.
Iu. By whose direction foundst thou out this place?

Und, neu getauft, bin ich nie wieder Romeo.
JULIA Was für ein Mensch tappt da, von Nacht beschirmt
Mir in mein Selbstgespräch?
ROMEO Mit keinem Namen
Kann ich dir sagen, wer ich bin, mein Name
Ist mir, geliebte Heilige, verhaßt
Weil er dir Feind ist. Ich zerrisse ihn
Wenn ich ihn dir aufgeschrieben hätte.
JULIA Nicht hundert Worte tranken meine Ohren
Von deiner Zunge, doch ich kenn den Ton.
Bist du nicht Romeo und ein Montague?
ROMEO Von beidem keins, da beides dir mißfällt.
JULIA Wie kommst du hierher? Und kommst wozu?
Um diesen Garten ist die Mauer hoch
Und schwer zu überwinden, und der Platz
Ist Tod, bedenkst du, wo du herstammst
Sieht einer meiner Anverwandten dich.
ROMEO Hinüber über Mauern trugen mich
Der Liebe leichte Schwingen, denn kein Stein
Sperrt Liebe aus, und das, was Liebe tun kann
Will Liebe stets auch wagen, folglich können
Deine Anverwandten mich nicht stoppen.
JULIA Erblicken sie dich, werden sie dich morden.
ROMEO Mir birgt dein Auge leider mehr Gefahr
Als zwanzig ihrer Eisen. Blick du freudig
Und unverwundbar bin ich ihrer Feindschaft.
JULIA Ich wollt nicht um die Welt, daß sie dich sähen.
ROMEO Vor ihrem Blick verhüllt die Nacht mich, aber
Liebst du mich nicht, dann laß sie mich hier finden
Weit lieber sterbe ich an ihrem Haß
Als an vertagtem Tod aus Liebesmangel.
JULIA Wer wies zu dieser Stelle dir den Weg?

Ro. By loue that first did promp me to enquire,
   He lent me counsell, and I lent him eyes:
   I am no Pilot, yet wert thou as farre
   As that vast shore washeth with the farthest sea,
   I should aduenture for such marchandise.
Iu. Thou knowest the mask of night is on my face,
   Else would a maiden blush bepaint my cheeke,
   For that which thou hast heard me speake tonight,
   Faine would I dwell on forme, faine, faine, denie
   What I haue spoke, but farwell complement.
   Doest thou loue me? I know thou wilt say I:
   And I will take thy word, yet if thou swearst,
   Thou maiest proue false at louers periuries.
   They say *Ioue* laughes, oh gentle *Romeo,*
   If thou dost loue, pronounce it faithfully:
   Or if thou thinkest I am too quickly wonne,
   Ile frowne and be peruerse, and say thee nay,
   So thou wilt wooe, but else not for the world,

   In truth faire *Montague* I am too fond:
   And therefore thou maiest think my behauior light,
   But trust me gentleman, ile proue more true,
   Then those that haue more cunning to be strange,
   I should haue bene more strange, I must confesse,
   But that thou ouerheardst ere I was ware,
   My truloue passion, therefore pardon me,
   And not impute this yeelding to light loue,
   Which the darke night hath so discouered.

Ro. Lady, by yonder blessed Moone I vow,

ROMEO Der Liebesgott ernannte mich zum Forscher
Er gab mir Rat und ich gab ihm zwei Augen
Ich bin kein Seemann, aber wärst du fern
Wie nur ein meergewaschenes Gestade
Für solchen Schatz würd ich die Reise wagen.
JULIA Du weißt nur zu gut, die Nacht maskiert mich
Sonst sähest du, wie Mädchenröte mir
Die Wangen malt für das, was du mich heute
Nacht hast sagen hören; gerne wollte
Ich auf der Form mich ausruhn, wollte gerne
Gerne leugnen, was ich sagte, aber
Lebt wohl, Manieren: Liebst du mich? Ich weiß
Du sagst jetzt 'Ja' und ich, ich will dir folgen
Jedoch, auch wenn dus schwörst, kannst du dich noch
Als falsch erweisen: Jupiter belächelt
Die Eide Liebender, sagt man. O Romeo
Liebst du, dann bring es so vor, daß ichs glaube
Nur falls du meinst, ich sei zu rasch erobert
Falt ich die Stirn und sträub mich und sag Nein
Bis du mich wirbst, doch sonst nicht um die Welt.
Im Ernst, mein schöner Montague, ich bin
Zu angetan, drum hältst du mich vielleicht
Für oberflächlich: aber, Gentleman
Vertraue mir, ich bin weit biederer
Als all die, die auf Sprödigkeit geeicht sind.
Ich hätte mich auch spröder aufgeführt
Will ich gestehen, hättest du nicht, eh ichs
Gewahr ward, mir mein Liebeseingeständnis
Abgelauscht. Daher vergib und laste
Nicht dem Leichtsinn mein Sichfügen an
Das erst die dunkle Nacht so offenbarte.
ROMEO Lady, bei dem hohen Mond beschwör ich

   That tips with siluer all these frute tree tops.
Iu. O swear not by the moone th'inconstant moone,
   That monethly changes in her circle orbe,
   Least that thy loue proue likewise variable.
Ro. What shall I sweare by?
Iu. Do not sweare at all:
   Or if thou wilt, sweare by thy gracious selfe,
   Which is the god of my Idolatrie,
   And Ile beleeue thee.
Ro. If my hearts deare loue.
Iu. Well do not sweare, although I ioy in thee:
   I haue no ioy of this contract to night,
   It is too rash, too vnaduisd, too sudden,
   Too like the lightning which doth cease to bee,
   Ere one can say, it lightens, sweete goodnight:
   This bud of loue by Sommers ripening breath,
   May proue a bewtious floure when next we meete,
   Goodnight, goodnight, as sweete repose and rest,
   Come to thy heart, as that within my brest.

Ro. O wilt thou leaue me so vnsatisfied?
Iuli. What satisfaction canst thou haue to night?
Ro. Th'exchange of thy loues faithful vow for mine.
Iu. I gaue thee mine before thou didst request it:
   And yet I would it were to giue againe.
Ro. Woldst thou withdraw it, for what purpose loue?
Iu. But to be franke and giue it thee againe,
   And yet I wish but for the thing I haue,
   My bountie is as boundlesse as the sea,
   My loue as deepe, the more I giue to thee
   The more I haue, for both are infinite:

Der silbern dort das Obstgehölz betupft –
JULIA O schwör nicht bei dem Mond, dem Wankelmond
Der auf seiner Kreisbahn zu- und abnimmt
Soll mir dein Lieben als beständig gelten.
ROMEO Bei was soll ich schwören?
JULIA   Schwöre gar nicht:
Oder, willst du, schwör bei deinem Selbst
Dem Gott, dessen Bildnis ich verehre
Und ich will glauben.
ROMEO   Wenn mein liebend Herz –
JULIA Schwör besser nicht. So sehr ich mich an dir
Auch freue, diese nächtliche Verlobung
Freut mich nicht. Sie kommt zu rasch, zu planlos
Zu übereilt, sie gleicht zu sehr dem Blitz
Der aufhört, eh man sagen kann 'Es blitzt'.
Schlaf süß. Mag sein, der Sommeratem wärmt
Die Knospe unsrer Liebe und entfaltet
Zur Blüte prachtvoll sie, sehn wir uns wieder.
Gutnacht, Gutnacht. Glück möge und Genießen
Aus meiner Brust in dein Herz überfließen.
ROMEO O läßt du mich so unerlöst allein?
JULIA Was könnte dir heut Nacht Erlösung sein?
ROMEO Der Austausch meines Liebesschwurs mit deinem.
JULIA Ich gab dir meinen, ehe dus verlangtest
Und wollte doch, er wäre neu zu geben.
ROMEO Zurückziehn willst du ihn? Wozu, Geliebte?
JULIA Um frei zu sein, ihn dir erneut zu geben
Ich will nur mehr von dem, was ich schon habe.
Meine Gebelust ist unermeßlich
Wie die See, gleich tief ist meine Liebe
Geb ich dir mehr, dann habe ich auch mehr
Denn beide wissen nichts von Grenzen. Ich

    I heare some noyse within, deare loue adue:
    Anon good nurse, sweete *Mountague* be true:
    Stay but a little, I will come againe.
Ro. O blessed blessed night, I am afeard
  Being in night, all this is but a dreame,
  Too flattering sweete to be substantiall.
Iu. Three words deare *Romeo,* & goodnight indeed,
  If that thy bent of loue be honourable,
  Thy purpose marriage, send me word to morrow,
  By one that ile procure to come to thee,
  Where and what time thou wilt performe the right,
  And all my fortunes at thy foote ile lay,
  And follow thee my L. throughout the world.   *Madam.*

  I come, anon: but if thou meanest not well,
  I do beseech thee (by and by I come)   *Madam.*

  To cease thy strife, and leaue me to my griefe,
  To morrow will I send.
Ro. So thriue my soule.
Iu. A thousand times goodnight.
Ro. A thousand times the worse to want thy light,
  Loue goes toward loue as schooleboyes from their bookes,
  But loue from loue, toward schoole with heauie lookes.
      Enter Iuliet *againe.*
Iuli. Hist *Romeo* hist, ô for a falkners voyce,
  To lure this Tassel gentle back againe,
  Bondage is hoarse, and may not speake aloude,
  Else would I teare the Caue where Eccho lies,
  And make her ayrie tongue more hoarse, then

Höre ein Geräusch. Adieu, Geliebter!
Ich komme, Amme. Liebster Montague
Bleib mir nur kurz noch treu, ich komme wieder.
ROMEO O selig, selig ist die Nacht! Mir bangt
Von solcher Nacht umfangen, sie sei Traum
Zu schmeichelnd süß, um körperhaft zu sein.
JULIA Drei Worte noch, mein Romeo, und Gutnacht dann:
Ist es dir ernst mit deinem Liebesdrängen
Dein Ziel die Hochzeit, gib mir eine Nachricht
Durch wen, den ich dir morgen heimlich sende
Wann du und wo für uns das Sakrament
Der Ehe vorbereiten willst und ich
Lege, was ich bin, zu deinen Füßen
Und folge dir in alle Welt hinaus.
AMME Madam!
JULIA   Ich komme gleich! Doch meinst du es
Nicht gut mit mir, dann, bitte –
AMME   Madam!
JULIA   Komme!
Laß ab von mir und mich laß meinem Kummer.
Morgen schick ich.
ROMEO   Möge mir die Seele –
JULIA Tausendmal Gutnacht.
ROMEO Tausendmal schlecht, weil um dein Licht gebracht.
Liebe geht zu Liebe wie Schüler weg vom Buch
Doch Liebe weg von Liebe schwer wie zum Schulbesuch.

JULIA Sst, Romeo, sst: o eines Falkners Ruf
Den noblen Vogel mir zurück zu locken
Haft macht heiser und darf laut nicht sprechen
Sonst würd ich Echos Grotte bersten machen
Und ihren Lufthals heiserer als mich

        With repetition of my *Romeo*.
Ro. It is my soule that calls vpon my name.
    How siluer sweete, sound louers tongues by night,
    Like softest musicke to attending eares.
Iu. Romeo.
Ro. My Neece.
Iu. What a clocke to morrow
    Shall I send to thee?
Ro. By the houre of nine.
Iu. I will not faile, tis twentie yeare till then,
    I haue forgot why I did call thee backe.
Ro. Let me stand here till thou remember it.
Iu. I shall forget to haue thee still stand there,
    Remembring how I loue thy companie.
Ro. And Ile still stay, to haue thee still forget,
    Forgetting any other home but this.
Iu. Tis almost morning, I would haue thee gone,
    And yet no farther then a wantons bird,
    That lets it hop a litle from his hand,
    Like a poore prisoner in his twisted giues,
    And with a silken threed, plucks it backe againe,
    So louing Iealous of his libertie.
Ro. I would I were thy bird.
Iu. Sweete so would I,
    Yet I should kill thee with much cherishing:
    Good night, good night.
    Parting is such sweete sorrow,
    That I shall say good night, till it be morrow.
Ro. Sleep dwel vpon thine eyes, peace in thy breast.
    Would I were sleepe and peace so sweet to rest
    The grey eyde morne smiles on the frowning night,
    Checkring the Easterne Clouds with streaks of light,

Mit Wiederholen von 'Mein Romeo'.
ROMEO Meine Seele ruft mich da mit Namen
Wie silbrig-sanft tönt Liebsgeflüster nachts
Feinste Musik erwartungsvollen Ohren.
JULIA Romeo!
ROMEO   Mein Falkenjunges?
JULIA   Wann
Schick ich morgen zu dir?
ROMEO   Gegen neun.
JULIA Das werd ich. Zwanzig Jahre sinds bis dahin.
Ich vergaß, warum ich dich zurück rief.
ROMEO Hier laß mich stehen, bis du dich erinnerst.
JULIA Auf daß du da ewig stehst, vergess ichs
Nur nicht, wie lieb dein Beimirsein mir ist.
ROMEO Und ich steh ewig, dann vergißt du ewig
Und ich vergesse, daß noch eine Welt ist.
JULIA 's ist fast Morgen. Mir wärs lieb, du gingest
Nur weiter nicht als eines reichen Kindes
Käfigvogel, der ihm von der Hand hüpft
Ein armer Häftling in verzwirnten Fesseln
Bis es am Silberkettchen ihn zurückzupft
Liebevoll ihm seine Freiheit neidend.
ROMEO Wär ich der Vogel.
JULIA   Liebster, wärst du der
Doch wärst dus, ich liebkoste dich zu Tod.
Gutnacht, Gutnacht! Ich rufs bis übermorgen:
Das sind des Abschieds bittersüße Sorgen.

ROMEO Schlaf deinen Augen, Ruhe deiner Brust
Wär ich dir Schlaf und Ruhe, mir zur Lust.
Mit Augen grau belächelt Tag jetzt Nacht
Hat schon den Osten streifenbunt gemacht

And darknesse fleckted like a drunkard reeles,
From forth daies pathway, made by *Tytans* wheeles.
Hence will I to my ghostly Friers close cell,
His helpe to craue, and my deare hap to tell.

Exit.

Enter Frier alone with a basket.

Fri. Now ere the sun aduance his burning eie,
　The day to cheere, and nights dancke dewe to drie,
I must vpfill this osier cage of ours,
With balefull weedes, and precious iuyced flowers,
The earth that's natures mother is her tombe,
What is her burying graue, that is her wombe:
And from her wombe children of diuers kinde,
We sucking on her naturall bosome finde:
Many for many, vertues excellent:
None but for some, and yet all different.
O mickle is the powerfull grace that lies
In Plants, hearbes, stones, and their true quallities:
For nought so vile, that on the earth doth liue,
But to the earth some speciall good doth giue:
Nor ought so good but straind from that faire vse,
Reuolts from true birth, stumbling on abuse.
Vertue it selfe turnes vice being misapplied,
And vice sometime by action dignified.
　　　　　Enter Romeo.
Within the infant rinde of this weake flower
Poyson hath residence, and medicine power:
For this being smelt with that part, cheares each part,

Das Dunkel kriecht gleich einem Trunkenbold
Vom Fahrweg, den der Sonnenwagen rollt.
Jetzt zu der Zelle meines Franziskaners
Ich brauche Rat und Tat des Seelenmahners.

II, 4

LORENZ Jetzt, eh das Sonnenauge feurig aufgeht
Der Nachttau weg dampft und der Tag uns aufsteht
Gilt es, diesen Weidenkorb zu füllen
Mit Kräutern, die uns reizen oder stillen.
Was die Natur im Erdenschoß begräbt
Gebiert sie neu, gewandelt und belebt
Und Kinder, die zu Mannigfachem taugen
Sehn wir zugleich an ihrem Busen saugen
Gar viele sind an Wunderkräften reich
Unnütz ist keins, doch keins dem andern gleich.
O herrlich sind die großen Gnadengaben
Die wir in Pflanzen, Kräutern, Steinen haben
Denn nichts auf dieser Erde ist so nieder
Es gibt der Erde etwas Gutes wieder
Noch ists so hoch, daß, wird es falsch verwendet
Es nicht verkehrt, fern seines Ursprungs, endet.
Ein Vorzug kann sich in ein Übel wandeln
Und Übles ehrt sich manchmal durch sein Handeln

In dieser zarten Blütensprosse trifft
Sich heilsame Arznei mit starkem Gift
Man riecht daran und spürt ein Wohlgefühl

    Being tasted, staies all sences with the hart.
    Two such opposed Kings encamp them still,
    In man as well as hearbes, grace and rude will:
    And where the worser is predominant,
    Full soone the Canker death eates vp that Plant.
Ro. Goodmorrow father.
Fri. Benedicitie.
    What early tongue so sweete saluteth me?
    Young sonne, it argues a distempered hed,
    So soone to bid goodmorrow to thy bed:
    Care keepes his watch in euery old mans eye,
    And where care lodges, sleepe will neuer lye:
    But where vnbrused youth with vnstuft braine
    Doth couch his lims, there golden sleepe doth raigne.
    Therefore thy earlinesse doth me assure,
    Thou art vprousd with some distemprature:
    Or if not so, then here I hit it right,
    Our *Romeo* hath not bene in bed to night.
Ro. That last is true, the sweeter rest was mine.
Fri. God pardon sin, wast thou with *Rosaline*?
Ro. With *Rosaline,* my ghostly father no,
    I haue forgot that name, and that names wo.
Fri. Thats my good son, but wher hast thou bin then?
Ro. Ile tell thee ere thou aske it me agen:
    I haue bene feasting with mine enemie,
    Where on a sudden one hath wounded me:
    Thats by me wounded both, our remedies
    Within thy helpe and holy phisicke lies:
    I beare no hatred blessed man: for loe
    My intercession likewise steads my foe.
Fri. Be plaine good sonne and homely in thy drift,
    Ridling confession, findes but ridling shrift.

Man ißt davon: das Herz stockt und steht still
Zwei Herrscher streiten kriegrisch um ihr Recht
In Menschen wie in Pflanzen: Gut und Schlecht
Und wo obsiegt, was einzig schaden kann
Fällt Wurmfraß solches Wachstum tödlich an.
ROMEO Guten Morgen, Vater.
LORENZ   Gottes Segen dir.
  Was ein früher Vogel naht sich mir?
  Junger Herr, dem scheint der Kopf verwirrt
  Dem er so zeitig weg vom Kissen irrt
  Die Sorge hält in alten Augen Wacht
  Und wo die Sorge wohnt, hat Schlaf nicht Macht
  Doch bettet frohe Jugend ihre Glieder
  Mit freiem Hirn, senkt goldner Schlaf sich nieder
  Darum läßt deine Frühkunft mich vermuten
  Du sprangst von deinem Lager nicht im Guten
  Trifft das nicht zu, will ich wie folgt bestehen:
  Unser Romeo hat sein Bett noch nicht gesehen.
ROMEO Letzteres stimmt, mein ward viel süßre Ruh.
LORENZ Vergebe Gott! Bei Rosaline warst du?
ROMEO Bei Rosaline, mein Vater? Aber nein
  Weg ist der Name und des Namens Pein.
LORENZ Das ist mein braver Sohn. Wo warst du dann?
ROMEO Eh du mich dreimal fragst, hörs dir erst an.
  Bei meinem Feind fand eine Feier statt
  Wo jemand jählings mich verwundet hat
  Wie auch ich ihn. Uns zwei gesund zu pflegen
  Brauchts deine Macht, dein heilig Handauflegen
  Sieh, frommer Mann, ich habe nicht gehaßt
  Dieweil mein Bitten meinen Feind umfaßt.
LORENZ Wer rätselhaft bekennt, was er verbrochen
  Der wird auch nur in Rätseln losgesprochen:

Ro. Then plainly know my harts deare loue is set
    On the faire daughter of rich *Capulet:*
    As mine on hers, so hers is set on mine,
    And all combind, saue what thou must combine
    By holy marriage, when and where, and how,
    We met, we wooed, and made exchange of vow:
    Ile tell thee as we passe, but this I pray,
    That thou consent to marrie vs to day.
Fri. Holy S. *Frauncis* what a change is here?
    Is *Rosaline* that thou didst loue so deare,
    So soone forsaken? young mens loue then lies
    Not truly in their hearts, but in their eies.
    Iesu *Maria,* what a deale of brine
    Hath washt thy sallow cheekes for *Rosaline*?
    How much salt water throwne away in waste,
    To season loue, that of it doth not taste.
    The Sun not yet thy sighes, from heauen cleares
    Thy old grones yet ringing in mine auncient eares:
    Lo here vpon thy cheeke the staine doth sit,
    Of an old teare that is not washt off yet.
    If ere thou wast thy selfe, and these woes thine,
    Thou and these woes were all for *Rosaline*.
    And art thou chang'd, pronounce this sentence then,
    Women may fall, when theres no strength in men.
Ro. Thou chidst me oft for louing *Rosaline*.
Fri. For doting, not for louing pupill mine.
Ro. And badst me burie loue.
Fri. Not in a graue,
    To lay one in an other out to haue.
Ro. I pray thee chide me not, her I loue now.
    Doth grace for grace, and loue for loue allow:

Werd deutlich, Sohn.
ROMEO   Bleib deutlich wohlgesonnen!
Capulets Tochter hat mein Herz gewonnen
Wie sie das meine, so das ihre ich
Und alles fügt sich bis auf das durch dich
Zu Fügende: den heilgen Ehebund.
Wie wir uns sahen, trafen, warben und
Versprachen, will ich dir im Gehn erzählen:
Ich fleh dich nur, uns heute zu vermählen.
LORENZ Heiliger Franziskus! Was ein Wandel!
Ist Rosaline so schnell aus allem Handel
Deine heiße Liebe? Junge Herren taugen
Zur Liebe nicht mit Herzen, nur mit Augen
Jesus Maria! Was für Tränenstangen
Höhlten dir um Rosaline die Wangen!
Wieviel Salznaß als Gewürz verschwendet
An eine Liebe, die geschmacklos endet!
Auch deine Seufzer sind noch nicht vergoren
Dein Altgestöhn hallt nach in ältren Ohren
Sieh, auf der Backe hockt ein Tränenfleck
Den trocknete die Sonne noch nicht weg
Warst du da du und dein Geplärr kein Witz
Galt alles dieses Rosalines Besitz:
Wer bist du jetzt? Was lange feststand, krankt:
Die Frau darf fallen, wenn der Mann so schwankt.
ROMEO Oft hast du ihretwegen mich gescholten.
LORENZ Das hat nur deiner Sinnenlust gegolten.
ROMEO Begrab die Liebe, hast du mir befohlen.
LORENZ Nicht, eine neue aus dem Grab zu holen.

ROMEO Beschimpf mich bitte nicht. Die neue Liebe
Verlangt, daß ich in Ungeduld mich übe.

    The other did not so.
Fri. O she knew well,
    Thy loue did reade by rote, that could not spell:
    But come young wauerer, come go with me,
    In one respect ile thy assistant be:
    For this alliance may so happie proue,
    To turne your housholds rancor to pure loue.
Ro. O let vs hence, I stand on sudden hast.
Fri. Wisely and slow, they stumble that run fast.

Exeunt.

        Enter Benuolio *and* Mercutio.

Mer. Where the deule should this *Romeo* be? came hee not home to night?
Ben. Not to his fathers, I spoke with his man.
Mer. Why that same pale hard hearted wench, that *Rosaline,* Torments him so, that he will sure run mad.
Ben. *Tibalt,* the kinsman to old *Capulet,* hath sent a leter to his fathers house.
Mer. A challenge on my life.
Ben. *Romeo* will answere it.
Mer. Any man that can write may answere a letter.

Ben. Nay, he wil answere the letters maister how he dares, being dared.
Mercu. Alas poore *Romeo,* he is alreadie dead, stabd with a white wenches blacke eye, runne through the eare with a loue song, the very pinne of his heart, cleft with the blinde bowe-boyes but-shaft, and is hee a man to en-

So war die andre nicht.
LORENZ   O, sie empfand
Daß ihr Leser nichts von Schrift verstand.
Doch komm, Herr Wankelmut, und folge mir
In einer Hinsicht bin ich Helfer dir:
Eurem Bündnis könnte es gelingen
Den Frieden eurer Häuser zu erzwingen.
ROMEO O nichts wie los, eh noch mehr Zeit verstreicht.
LORENZ Schritt vor Schritt, wer schnell geht, stolpert leicht.

II, 5

MERCUTIO Wo beim Teufel könnte dieser Romeo stecken? Nachhaus kam er letzte Nacht nicht?
BENVOLIO Nicht ins Elternhaus sagt sein Page.
MERCUTIO Kein Wunder, diese bleiche, herzverhärtete Rosaline quält ihn derart, daß er ja durchdrehen muß.
BENVOLIO Tybalt, vom alten Capulet der Neffe, hat ihm einen Brief nachhause geschrieben.
MERCUTIO Eine Forderung, wetten?
BENVOLIO Romeo wird ihm zurückschreiben.
MERCUTIO Wer schreiben kann, kann auch zurückschreiben.
BENVOLIO Nein, er wird dem Absender schreiben, daß er zurückschlägt, wenn man ihm das vorschlägt.
MERCUTIO Ach, armer Romeo, er ist schon tot, durchbohrt vom Dunkelblick einer Blaßnase, mit einer Schnulze durchs Ohr gespießt, die Herzzielscheibe mitten durch vom Bolzen des blinden Bogenbuben, und er soll der

counter *Tybalt*?

Ro. Why what is *Tybalt*?

Mer. More then Prince of Cats. Oh hees the couragious captain of Complements: he fights as you sing pricksong, keeps time, distance & proportion, he rests, his minum rests, one two, and the third in your bosome: the very butcher of a silke button, a dualist a dualist, a gentleman of the very first house of the first and second cause, ah the immortall Passado, the Punto reuerso, the Hay.

Ben. The what?

Mer. The Pox of such antique lisping affecting phantacies, these new tuners of accent: by Iesu a very good blade, a very tall man, a very good whore. Why is not this a lamentable thing graundsir, that we should be thus afflicted with these straunge flies: these fashion-mongers, these pardons mees, who stand so much on the new forme, that they cannot sit at ease on the old bench. O their bones, their bones.

Enter Romeo.

Ben. Here comes *Romeo*, here comes *Romeo*.

Mer. Without his Roe, like a dried Hering, O flesh, flesh, how art thou fishified? now is he for the numbers that Petrach flowed in: *Laura* to his Lady, was a kitchin wench, marrie she had a better loue to berime her: Dido a dowdie, Cleopatra a Gipsie, *Hellen* and *Hero,* hildings and harlots: *Thisbie* a grey eye or so, but not to the purpose.

Signior *Romeo,* bon iour, theres a French salutation to your French slop: you gaue vs the counterfeit fairly last night.

Mann sein, es mit Tybalt aufzunehmen?
BENVOLIO Wieso? Wer ist schon Tybalt?
MERCUTIO Jedenfalls mehr als der gestiefelte Kater. O er ist ein verwegener Verfechter von Finessen: er ficht wie du psalmsingst, wahrt Takt, Abstand und Dynamik, er hält seine Intervalle ein, eins, zwei und drei dir in die Brust: der wahre Henker der Seidenhemdknöpfe, ein dualistischer Duellist, ein Fachmann allererster Güte für die erste Beleidigung und die zweite. Ah, der unsterbliche Passado, der Punto reverso, der Hay!
BENVOLIO Der was?
MERCUTIO Die Pest über diese albernen, säuselnden, gezierten Phantasten, diese Konversationsneutöner: Herr Jesus, eine äußerst formidable Klinge, ein äußerst kapabler Mann, eine äußerst adorable Nutte. Ist es nicht ein Elend, mein Alter, daß diese Eintagsfliegen uns heimsuchen, diese Modeaffen, diese Excusezmois, die derart auf neue Formen stehen, daß sie sich nicht auf alte Bänke setzen? O die Mode! Die Moderne!

BENVOLIO Romeo, da kommt Romeo!
MERCUTIO Romiau, Romiau, schlapper Kater, stinkst du nach Fisch? O Fleisch, Fleisch, wie hast du dich fischifiziert! Jetzt ist er ein Fan der Verse, die aus Petrarca 'rausgetropft sind: nur war Laura 'ne Küchenfee gegen seine Lady, obwohl die den besseren Liebesbereimer hatte, Dido eine Schlampe, Cleopatra eine Zigeunerin, Helena und Hero Hetären und Huren, Thisbe eine Trutsche, aber es macht nichts. Signor Romeo, Bonjour, da hast du eine französische Begrüßung zu deinen französischen Beinkleidern. Du hast uns hübsch was vorgemacht gestern Abend.

Ro. Goodmorrow to you both, what counterfeit did I giue you?

Mer. The slip sir, the slip, can you not conceiue?

Ro. Pardon good *Mercutio,* my businesse was great, and in such a case as mine, a man may straine curtesie.

Mer. Thats as much as to say, such a case as yours, constrains a man to bow in the hams.
Ro. Meaning to cursie.
Mer. Thou hast most kindly hit it.
Ro. A most curtuous exposition.
Mer. Nay I am the very pinck of curtesie.
Ro. Pinck for flower.
Mer. Right.
Ro. Why then is my pump well flowerd.

Mer. Sure wit follow me this ieast, now till thou hast worne out thy pump, that when the single sole of it is worne, the ieast may remaine after the wearing, soly singular.

Ro. O single solde ieast, solie singular for the singlenesse.

Mer. Come betweene vs good *Benuolio,* my wits faints.

Ro. Swits and spurs, swits and spurres, or ile crie a match.

Mer. Nay, if our wits run the wildgoose chase, I am done: For thou hast more of the wildgoose in one of thy wits, then I am sure I haue in my whole fiue. Was I with you there for the goose?

Ro. Thou wast neuer with me for any thing, when thou wast

ROMEO Guten Morgen ihr beiden. Was habe ich euch vorgemacht?

MERCUTIO Vorgeflunkert, Sir, vorgeflunkert, kapierst du nicht?

ROMEO Excusez, lieber Mercutio, ich mußte etwas Großes erledigen, und in so einem Fall darf man die Freundschaft strapazieren.

MERCUTIO Was besagen soll, wer so fallen will wie du, muß die Schenkel strapazieren.

ROMEO Du meinst, beim Kniefall.

MERCUTIO So kann man es auch ausdrücken.

ROMEO In aller Freundschaft.

MERCUTIO Ich bin ein Ausbund an Freundschaft.

ROMEO Ein Ausbund ist ein Muster?

MERCUTIO Richtig.

ROMEO Dann trage ich einen ausbündigen Tanzschuh, bemustert wie er ist.

MERCUTIO Traumwandlerischer Humor, ich bitte um das nächste Wortspiel, bis du deinen Schuh zertanzt hast, so daß, ist seine einzige Sohle abgegangen, der Humor uns als Solist erhalten bleibt.

Romeo O du Solohumor, einzig unversohlt wegen deines Solistentums.

MERCUTIO Mein Humor erreicht die Talsohle: geh dazwischen, bester Bensolio.

ROMEO Gib ihm, gib ihm, Peitsche und Sporen, oder ich schreie Sieg.

MERCUTIO Nicht doch, wenn du unsern Humor zum Stutenrennen schickst, steig ich ab: denn du hast mehr Stute im Kopf als ich in den Beinen. Hab ich dich erwischt mit der Stute?

ROMEO Du hast mich noch nie mit irgendwas erwischt,

not there for the goose.

Mer. I will bite thee by the eare for that ieast.
Rom. Nay good goose bite not.
Mer. Thy wit is very bitter sweeting, it is a most sharp sawce.
Rom. And is it not then well seru'd in to a sweete goose?

Mer. Oh heres a wit of Cheuerell, that stretches from an ynch narrow, to an ell broad.
Ro. I stretch it out for that word broad, which added to the goose, proues thee farre and wide a broad goose.
Mer. Why is not this better now then groning for loue, now art thou sociable, now art thou *Romeo:* now art thou what thou art, by art as well as by nature, for this driveling loue is like a great naturall that runs lolling vp and downe to hide his bable in a hole.

Ben. Stop there, stop there.
Mer. Thou desirest me to stop in my tale against the haire.

Ben. Thou wouldst else haue made thy tale large.
Mer. O thou art deceiu'd; I would haue made it short, for I was come to the whole depth of my tale, and meant indeed to occupie the argument no longer.

Ro. Heeres goodly geare. *Enter Nurse and her man.*
  A sayle, a sayle.
Mer. Two two, a shert and a smocke.

obwohl du nichts im Kopf hast als eine Stute zu erwischen.
MERCUTIO Für den Witz beiß ich dich ins Ohr.
ROMEO Bitte nicht, liebe Stute.
MERCUTIO Dein Humor ergibt eine ziemlich saure Süße, eine sehr soßige Schärfe.
ROMEO Und die wird gern zu Stutenbraten serviert, hab ich recht?
MERCUTIO Oho, hier haben wir einen Humor aus Ziegenleder, dehnbar von ein Zoll eng bis eine Elle weit.
ROMEO Ich dehne ihn für dich auf extra weit, damit deine Stute hineinpaßt.
MERCUTIO Na also, ist das nicht besser als Liebesseufzen? Nun bist du wieder Mensch, nun bist du Romeo, nun erkenn ich dich wieder, in der Kunst wie im Leben: denn dieser Liebesschwachsinn rennt wie besengt durch die Welt und sucht mit hängender Zunge nach weiter nichts als dem passenden Mausloch für sein Stöckchen.
BENVOLIO Aufhören, aufhören!
MERCUTIO Du begehrst, er möge auf meinen Erguss nicht länger hören.
BENVOLIO Du würdest andernfalls deinen Erguss verlängern.
MERCUTIO O, da täuschst du dich, ich hätte es kurz gemacht, denn ich war auf dem Höhepunkt meines Ergusses angekommen und hatte ohnehin nicht vor, diese Themenstute tot zu reiten.
ROMEO Hier naht Abwechslung. Ein Segel, ein Segel!

MERCUTIO Zwei, zwei: ein Unterhemd und ein Unterrock.

Nur. Peter:
Peter. Anon.
Nur. My fan *Peter.*
Mer. Good *Peter* to hide her face, for her fans the fairer face.

Nur. God ye goodmorrow Gentlemen.
Mer. God ye goodden faire gentlewoman.
Nur. Is it good den?
Mer. Tis no lesse I tell yee, for the bawdie hand of the dyal, is now vpon the prick of noone.

Nur. Out vpon you, what a man are you?
Ro. One gentlewoman, that God hath made, himself to mar.

Nur. By my troth it is well said, for himselfe to mar quoth a? Gentlemen can any of you tel me wher I may find the yong *Romeo*?
Ro. I can tell you, but young *Romeo* will be older when you haue found him, then he was when you sought him: I am the youngest of that name, for fault of a worse.

Nur. You say well.
Mer. Yea is the worst wel, very wel took, ifaith, wisely, wisely.
Nur. If you be he sir, I desire some confidence with you.

Ben. She will endite him to some supper.
Mer. A baud, a baud, a baud. So ho.

Ro. What hast thou found?

II, 6

AMME Peter!
PETER Hier.
AMME Meinen Fächer, Peter.
MERCUTIO Ja, lieber Peter, ihre Gesichtsfront zu verdecken, denn ihr Fächer ist die flottere Gesichtsfront.
AMME Mächtig guten Morgen, Gentlemen.
MERCUTIO Mächtig guten Abend, Gentlewoman.
AMME Es ist Abend?
MERCUTIO Kein bißchen weniger, sag ich Euch, der zuchtlose Zeigerschatten zielt auf die Zwölf der Zifferscheibe.
AMME Huch! Was seid denn Ihr für einer?
ROMEO Einer, liebe Dame, den Gott gegen sich selbst erschuf.
AMME Mein Seel, gut gesagt, 'Gott gegen sich selbst', wie er das so herausbringt! Gentlemen, kann mir einer von Ihnen sagen, wo ich den jungen Romeo finde?
ROMEO Ich kann es Euch sagen, bloß wird der gefundene junge Romeo älter sein als der gesuchte. Ich bin, in Ermangelung eines schlimmeren, der momentan jüngste dieses Namens.
AMME Wie gut Ihr reden könnt!
MERCUTIO Yeah, je schlimmer desto besser! Genau, Donnerwetter, klug, klug!
AMME Wenn Sie er sind, wünsche ich Sie vertraulich zu sprechen.
BENVOLIO Sie will ihn zu 'nem Nachtessen abführen.
MERCUTIO Ein Kuppelpelz, ein Kuppelpelz, ein Kuppel-, Kuppel-, Kuppelpelz! Joho!
ROMEO Was hast du erlegt?

Mer. No hare sir, vnlesse a hare sir in a lenten pie, that is something stale and hoare ere it be spent.

An old hare hoare, and an old hare hoare is very good meate in lent.
But a hare that is hore, is too much for a score, when it hores ere it be spent.
Romeo, will you come to your fathers? weele to dinner thither.

Ro. I will follow you.

Mer. Farewell aunciant Lady, farewell Lady, Lady, Lady.

Exeunt.

Nur. I pray you sir, what sawcie merchant was this that was so full of his roperie?

Ro. A gentleman Nurse, that loues to heare himselfe talke, and will speake more in a minute, then hee will stand too in a moneth.

Nur. And a speake any thing against me, Ile take him downe, and a were lustier then he is, and twentie such Iacks: and if I cannot, ile finde those that shall: scuruie knaue, I am none of his flurt gills, I am none of his skaines mates, and thou must stand by too and suffer euery knaue to vse me at his pleasure.

Pet. I saw no man vse you at his pleasure: if I had, my weapon shuld quickly haue bin out: I warrant you, I dare draw assoone as an other man, if I see occasion in a goodquarel, & the law on my side.

MERCUTIO Keinen Hasen, Sir, allerhöchstens eine Häsin, Sir, in einer Osterpastete, die schon oll und schimmlig war, eh sie verbacken wurde.
'ne olle Häsin, die nicht mehr frisch, nicht mehr frisch
Gibt gut Fleisch, wenns zur Fastenzeit bimmelt
Doch 'ne Häsin nicht frisch, die kommt nicht auf den
Wenn sie, eh man sie abkocht, schon schimmelt. [Tisch
Romeo, kommst du mit zu deinem Vater? Wir wollen da Mittagessen.

ROMEO Ich komme nach.

MERCUTIO Machts gut, olle Lady, macht es gut, Lady.
'Ob ichs tu oder ob ichs laß
   Lady, Lady
Sterben muß ich von dem Haß
   O brave Lady.'

AMME Erlauben Sie mal, Sir, was für ein schmieriger Galgenstrick war das denn?

ROMEO Ein Gentleman, gnädige Frau, der sich gern reden hört und in einer Minute mehr von sich gibt, als er in einem Monat wiedergutmachen kann.

AMME Wenn er ausfällig gegen mich werden will, dann kriegt er von mir was auf die Ohren, und wäre er bei Kräften wie zwanzig so Heinis, und wenn nicht von mir, dann von solchen, die ich kenne. Der Haderlump, der! Ich bin weder eins von seinen Flittchen, noch bin ich einer von seinen Messerkerlen. Und du, Hauptsache, du stehst dabei und siehst zu, wie jeder Halunke nach Belieben über mich herfällt.

PETER Ich hab keinen erblickt, dem es über Euch herzufallen beliebt hat. Hätt ichs, schwupp, wär mein Federwisch draußen gewesen. Das garantier ich Euch, ich zieh so fix wie jeder andere, wenn die Gelegenheit für

Nur. Now afore God, I am so vext, that euery part about me
quiuers, skuruie knaue: pray you sir a word: and as I told
you, my young Lady bid me enquire you out, what she
bid me say, I will keepe to my selfe: but first let me tell
ye, if ye should leade her in a fooles paradise, as they say,
it were a very grosse kind of behauior as they say: for the
Gentlewoman is yong: and therefore, if you should deale
double with her, truly it were an ill thing to be offred to
any Gentlewoman, and very weake dealing.

Rom. Nurse, commend me to thy Lady and Mistresse, I
protest unto thee.
Nur. Good heart, and yfaith I wil tel her as much: Lord,
Lord, she will be a ioyfull woman.
Ro. What wilt thou tell her Nurse? thou dooest not marke
me?
Nur. I will tell her sir, that you do protest, which as I take it,
is a gentlemanlike offer.
Ro. Bid her deuise some means to come to shrift this after-
And there she shall at Frier *Lawrence* Cell   [noon,
Be shrieued and married: here is for thy paines.

Nur. No truly sir not a penny.
Ro. Go too, I say you shall.
Nur. This afternoone sir, well she shall be there.
Ro. And stay good Nurse behinde the Abbey wall,
Within this houre my man shall be with thee,
And bring thee cordes made like a tackled stayre,
Which to the high topgallant of my ioy,

'ne anständige Rauferei in Sicht ist und das Recht auf
meiner Seite.
AMME Puh, bei Gott, ich bin so in Rage, mir zittert alles.
Der Haderlump, der! Mit Verlaub, Sir, auf ein Wort,
und wie ich Euch schon sagte, meine junge Lady hat mir
aufgetragen, Euch zu ermitteln. Was sie mir auszurichten
aufgetragen hat, behalte ich für mich. Doch zuallererst
laßt mich Euch sagen, wollt Ihr sie am Narrenseil führen, wie man so schön sagt, wäre das eine sehr unfeine
Art der Benehmung, wie man so schön sagt, denn mein
Fräulein ist jung und daher, wenn Ihr ein doppeltes Spiel
mit ihr treibt, wäre das einem jeden Fräulein gegenüber
unfein und gäbe ein sehr schwaches Bild ab.
ROMEO Amme, empfiehl mich deiner Lady, dem Fräu-
lein. Ich beteure hier vor dir –
AMME Liebes Herz, das will ich ihr doch wahrhaftig insge-
samt ausrichten. Herrje, was wird die Gute sich freuen.
ROMEO Was willst du ihr ausrichten, Amme? Du läßt
mich nicht ausreden.
AMME Ich will ihr ausrichten, Sir, daß Ihr beteuert, was,
wie ich es verstehe, das Angebot eines Gentleman ist.
ROMEO Ich bäte sie, auf heute Nachmittag
Für sich einen Beichtgang vorzusehen:
Und in Bruder Lorenz' Zelle wird sie
Losgesprochen und getraut. Für dich.
AMME Nein, Sir, keinen Penny.
ROMEO   Nimm, sag ich.
AMME Auf heute Nachmittag? Gut, sie ist da.
ROMEO Und bei der Klostermauer wartest du.
Mein Page kommt zur selben Zeit und bringt dir
Seile in der Art von einer Leiter
Die mir in stiller Nacht hoch in die Toppen

>   Must be my conuoy in the secret night.
>   Farewell be trustie, and ile quit thy paines:
>   Farewel, commend me to thy Mistresse.
> *Nur.* Now God in heauen blesse thee, harke you sir.
> *Ro.* What saist thou my deare Nurse?
> *Nur.* Is your man secret, did you nere here say, two may keep counsell putting one away.
> *Ro.* Warrant thee my mans as true as steele.
> *Nur.* Well sir, my Mistresse is the sweetest Lady, Lord, Lord, when twas a litle prating thing. O there is a Noble man in town one *Paris,* that would faine lay knife aboord: but she good soule had as leeue see a tode, a very tode as see him: I anger her sometimes, and tell her that *Paris* is the properer man, but ile warrant you, when I say so, she lookes as pale as any clout in the versall world, doth not Rosemarie and *Romeo* begin both with a letter?

Ro. I Nurse, what of that? Both with an R.
Nur. A mocker thats the dog, name R. is for the no, I know it begins with some other letter, and she hath the pretiest sententious of it, of you and Rosemarie, that it would do you good to heare it.

Ro. Commend me to thy Lady.
Nur. I a thousand times *Peter.*
Pet. Anon.
Nur. Before and apace.

                                                            Exit.

Meiner Freude helfen müssen. Leb nun wohl
Verläßlich sei und deine Mühen lohn ich:
Lebe wohl, empfiehl mich deinem Fräulein.
AMME Dich segne Gott der Herr! Ein Wort noch, Sir.
ROMEO Was, meine liebe Amme, willst du sagen?
AMME Hält Euch der Page dicht? Ihr kennt das Wort
'Wo zwei vertrauen, schick den Dritten fort'.
ROMEO Der ist dir garantiert so treu wie Eisen.
AMME Gut, Sir, mein Fräulein ist die allerliebste Lady.
Herrgott, was fürn kleines Schnatterlieschen sie war –
O, da ist ein Edelmann in der Stadt, ein gewisser Paris,
der gern längsseits gehn würde, ihr aber, lieber Himmel, ihr wär ein Kröterich, ein richtiger Kröterich,
ebenso willkommen gewesen wie der. Ich kabble mich
ab und an mit ihr und spreche, Paris sei der properste
aller Männer, aber, glaubt mir, wenn ich das sage, wird
sie so weiß wie nur irgendein Laken auf der weiten
Welt. Rosmarin – Romeo – fängt das nicht mit einem
Buchstaben an?
ROMEO Ja, Amme, mit einem 'R'.
AMME Ach was, Spaßvogel, das ist der Hundsbuchstabe,
der Knurrer. Mit 'R' fängt doch – nein, ich weiß genau, es fängt mit einem andern Buchstaben an, und sie
hat die allerliebsten Sentenziösen darüber, über Euch
und den Rosmarin, die zu hören Euch guttäte.
ROMEO Empfiehl mich deiner Lady.
AMME Mach ich, und zwar tausendmal. Peter!
PETER Hier.
AMME Los und zwar dalli.

Enter Iuliet.

Iu. The clocke strooke nine when I did send the Nurse,
   In halfe an houre she promised to returne,
   Perchance she cannot meete him, thats not so:
   Oh she is lame, loues heraulds should be thoughts,
   Which ten times faster glides then the Suns beames,
   Driuing backe shadowes ouer lowring hills.
   Therefore do nimble piniond doues draw loue,
   And therefore hath the wind swift *Cupid* wings:
   Now is the Sun vpon the highmost hill,
   Of this dayes iourney, and from nine till twelue,
   Is there long houres, yet she is not come,
   Had she affections and warme youthfull bloud,
   She would be as swift in motion as a ball,
   My words would bandie her to my sweete loue.

   And his to me, but old folks, many fain as they wer dead,
   Vnwieldie, slowe, heauie, and pale as lead.

   Enter Nurse.
   O God she comes, ô hony Nurse what newes?
   Hast thou met with him? send thy man away.
Nur. *Peter* stay at the gate.
Iu. Now good sweete *Nurse,* O Lord, why lookest thou sad?
   Though newes be sad, yet tell them merily.
   If good, thou shamest the musicke of sweete newes,
   By playing it to me, with so sower a face.

Nur. I am a wearie, giue me leaue a while,
   Fie how my bones ake, what a iaunce haue I?

II, 7

JULIA Es ging auf neun, als ich die Amme schickte
 Um halb zehn, sprach sie, sei sie wieder hier
 Ob sie ihn nicht findet? Ganz unmöglich.
 O, wie lahm sie ist! Ein Liebesherold
 Muß sein wie ein Gedanke, zehnmal schneller
 Als ein Sonnenstrahl, der trübe Schatten
 Von finstren Hügeln scheucht. Darum auch ziehen
 Den Venuswagen flügelflinke Tauben
 Und darum hat Cupido seine Schwingen.
 Nun steht die Sonne auf der Gipfelhöhe
 Dieser Tagesreise, und von neun bis zwölf
 Sind es drei lange Stunden, und sie kommt nicht.
 Trieb Leidenschaft und warmes junges Blut sie
 Sie flöge blitzgeschwind als wie ein Ball
 Mit meiner Botschaft hin zu meinem Liebsten
 Und mit der seinigen zurück zu mir.
 Die Alten aber tun wie tot dabei
 Sind muffig, lustlos, träg und grau wie Blei.

 O Gott, sie kommt. Die Nachricht, Honigamme:
 Trafst du ihn an? Schick deinen Mann nach draußen.
AMME Peter, warte vor der Tür.
JULIA Jetzt, liebste, beste Amme – O Gott, was
 Schaust du so traurig aus? Ist auch die Nachricht
 Traurig, sag sie fröhlich, ist sie gut
 Verdirb nicht die Musik der Freudenbotschaft
 Indem du mir mit saurer Miene aufspielst.
AMME Ich bin kaputt, laß mich erst zu mir kommen
 Puh, meine Knochen, was für ein Gerenne!

Iu. I would thou hadst my bones, and I thy newes:
 Nay come I pray thee speake, good good Nurse speake.
Nur. Iesu what haste, can you not stay a while?
 Do you not see that I am out of breath?
Iu. How art thou out of breath, when thou hast breath
 To say to me, that thou art out of breath?
 The excuse that thou doest make in this delay,
 Is longer then the tale thou doest excuse.
 Is thy newes good or bad? answere to that,
 Say either, and ile stay the circumstance:
 Let me be satisfied, ist good or bad?
Nur. Well, you haue made a simple choyse, you know not
 how to chuse a man: *Romeo,* no not he though his face be
 better then any mans, yet his leg excels all mens, and for a
 hand and a foote and a body, though they be not to be
 talkt on, yet they are past compare: he is not the flower of
 curtesie, but ile warrant him, as gentle as a lamme: go thy
 wayes wench, serue God. What haue you dined at home?

Iu. No, no. But all this did I know before.
 What sayes he of our marriage, what of that?
Nur. Lord how my head akes, what a head haue I?
 It beates as it would fall in twentie peeces.
 My back a tother side, a my backe, my backe:
 Beshrewe your heart for sending me about
 To catch my death with iaunsing vp and downe.

Iu. Ifaith I am sorrie that thou art not well.
 Sweete, sweete, sweete Nurse, tell me what sayes my loue?

JULIA Ich tausch dir meine Knochen gegen deine
  Nachricht, komm schon, Amme, sag was.
AMME Jesus, was 'ne Hetze! Wartet doch!
  Seht Ihr denn nicht, ich bin ganz aus der Puste?
JULIA Du bist aus der Puste, wenn die reicht
  Um mir zu sagen, du seist aus der Puste?
  Dein Gejammer, das die Nachricht aufschiebt
  Braucht mehr Zeit als die aufgeschobne Nachricht.
  Gut oder schlecht? Nur das sag, eins von beiden
  Auf die Einzelheiten will ich warten
  Gibst du die Richtung an: gut oder schlecht?
AMME Also, da habt Ihr eine dumme Wahl getroffen, Ihr
  wißt nicht, wie einen Mann wählen. Romeo? Nee, der
  nicht. Obwohl er besser aussieht als jeder andere, über-
  treffen seine Waden dennoch die aller andern, und was
  die Hände und die Füße und den Körperbau angeht,
  obwohl es darüber nichts zu schwatzen gibt, so sind sie
  dennoch unvergleichlich. Er ist nicht gerade eine Blüte
  an Entgegenkommen, aber garantiert sanft wie ein
  Lamm. Zieh los, Kindchen, gehorche deinem Schöpfer.
  Was hast du zu Mittag bekommen?
JULIA Nein, nein, das weiß ich doch schon alles. Was
  Sagt er zum Heiraten, was sagt er dazu?
AMME Herrje, mein Kopf, was hab ich bloß fürn Kopf?
  Er dröhnt, als wolle er in zwanzig Stücke
  Mir zerspringen. Andrerseits, mein Kreuz!
  Aua, mein Kreuz, mein Kreuz! Verwünscht sei Euer
  Herz, das mich so los jagt, mir den Tod
  Bei dem Gerenne her und hin zu holen.
JULIA Ehrlich, mir tuts leid, daß du so leidest.
  Süße Amme, beste Wunderamme
  Sag, was sagt mein Geliebter?

Nur. Your loue sayes like an honest gentleman,
  And a Courteous, and a kinde, and a handsome,
  And I warrant a vertuous, where is your mother?

Iu. Where is my mother, why she is within, wher shuld she
  How odly thou repliest: [be?
  Your loue sayes like an honest gentleman,
  Where is your mother?
Nur. O Gods lady deare,
  Are you so hot, marrie come vp I trow,
  Is this the poultis for my aking bones:
  Henceforward do your messages your selfe.
Iu. Heres such a coyle, come what saies *Romeo*?
Nur. Haue you got leaue to go to shrift to day?
Iu. I haue.
Nur. Then high you hence to Frier *Lawrence* Cell,
  There stayes a husband to make you a wife:
  Now comes the wanton bloud vp in your cheekes,
  Theile be in scarlet straight at any newes:
  Hie you to Church, I must an other way,
  To fetch a Ladder by the which your loue
  Must climbe a birds neast soone when it is darke,
  I am the drudge, and toyle in your delight:
  But you shall beare the burthen soone at night.
  Go ile to dinner, hie you to the Cell.

Iuli. Hie to high fortune, honest Nurse farewell.

                              Exeunt.

AMME   Dein Geliebter
  Als wie ein echter Gentleman, als wie
  Ein Herr vom Hof, und noch dazu ein netter
  Und ein hübscher, und, das wette ich
  Ein treuer, sagt dir – wo ist deine Mutter?
JULIA Wo meine Mutter ist? Herinnen wohl
  Wo sollte sonst sie sein? Was du da faselst!
  'Dein Geliebter, wie ein Gentleman
  Sagt, wo ist deine Mutter'?
AMME   O Madonna
  So hitzig seid Ihr? Da schau her! Ist das
  Der Kräuterwickel für mein Knochenreißen?
  Hinkünftig tragt Ihr Eure Botschaft selbst aus.
JULIA Ein Getue! Was sagt Romeo? Rücks 'raus.
AMME Dürft Ihr am Nachmittag zur Beichte gehen?
JULIA   Ich darf.
AMME Dann macht Euch auf zu Bruder Lorenz' Zelle
  Dort harrt ein Gatte, Euch zur Frau zu machen
  Schon schießt das heiße Blut Euch in die Wangen
  Bei solcher Nachricht gehn sie prompt in Purpur.
  Eilt Ihr zum Kloster, ich nehm andern Weg
  Um eine Leiter einzusammeln, die Euch
  Im Schutz der Dunkelheit den Angetrauten
  Ins Vogelnest befördert. Lasttier bin ich
  Und schlepp mich ab für Euer Hochvergnügen
  Doch bald auf dir wird eine Bürde liegen.
  Geh, ich muß was essen. Ab zur Zelle.
JULIA Hoch Hochzeit! Amme, sei zur Stelle!

Enter Frier and Romeo.

Fri. So smile the heauens vpon this holy act,
   That after houres, with sorrow chide vs not.
Ro. Amen, amen, but come what sorrow can,
   It cannot counteruaile the exchange of ioy
   That one short minute giues me in her sight:
   Do thou but close our hands with holy words,
   Then loue-deuouring death do what he dare,
   It is inough I may but call her mine.

Fri. These violent delights haue violent endes,
   And in their triumph die like fier and powder:
   Which as they kisse consume. The sweetest honey
   Is loathsome in his owne deliciousnesse,
   And in the taste confoundes the appetite.
   Therefore loue moderately, long loue doth so,
   Too swift arriues, as tardie as too slowe.
              Enter Iuliet.
   Here comes the Lady, Oh so light a foote
   Will nere weare out the euerlasting flint,
   A louer may bestride the gossamours,
   That ydeles in the wanton sommer ayre,
   And yet not fall, so light is vanitie.

Iu. Good euen to my ghostly confessor.
Fri. Romeo shall thanke thee daughter for vs both.
Iu. As much to him, else is his thankes too much.
Ro. Ah *Iuliet,* if the measure of thy ioy
   Be heapt like mine, and that thy skill be more

II, 8

LORENZ Der Himmel lächle dieser heilgen Handlung
Auf daß uns spätre Stunden nicht bekümmern.
ROMEO Amen, Amen, doch kein Kummer wiegt
Mir die Freude auf, die eine kurze
Minute ihres Anblicks bringt. Vereine
Du durch ein heilig Wort nur uns die Hände
Dann soll der Tod, der Liebe würgende
Wagen, was er mag, mir ists genug
Daß ich sie die meine nennen darf.
LORENZ So wilde Wünsche finden wild ihr Ende
Und sterben, wenn sie triumphieren, grad
Wie der Funke und das Pulver sich
In ihrem Kuß verzehren. Süßen Honig
Macht sein eigner Wohlgeschmack uns madig
Und ein Zuviel verdirbt den Appetit.
Maßvolle Liebe ist es, die lang währt:
Hastig kommt und säumig gleich verkehrt.
Da naht die Lady. O, ein Fuß wie ihrer
Nutzt euch auf ewig keinen Kiesel ab
Verliebte tanzen euch auf Spinnenfäden
Die in den lauen Sommerlüften treiben
Und fallen dennoch nicht, so leicht macht sie
Ihr Hochgefühl.
JULIA   Euch guten Tag, mein Vater.
LORENZ Romeo, Tochter, dankt dir für mich mit.
JULIA Ich ihm für Euch, zu reich wär sonst sein Dank.
ROMEO Ah Julia, wenn der Maßkelch deiner Freude
Randvoll wie meiner ist, versüße du

> To blason it, then sweeten with thy breath
> This neighbour ayre and let rich musicke tongue,
> Vnfold the imagind happines that both
> Receiue in either, by this deare encounter.

Iu. Conceit more rich in matter then in words,
> Brags of his substance, not of ornament,
> They are but beggers that can count their worth,
> But my true loue is growne to such excesse,
> I cannot sum vp sum of halfe my wealth.

Fri. Come, come with me, and we will make short worke.
> For by your leaues, you shall not stay alone,
> Till holy Church incorporate two in one.

Enter Mercutio, Benuolio, *and men.*

Ben. I pray thee good *Mercutio* lets retire,
> The day is hot, the *Capels* abroad:
> And if we meete we shall not scape a brawle, for now these hot daies, is the mad blood stirring.

Mer. Thou art like one of these fellowes, that when he enters the confines of a Tauerne, claps me his sword vpon the table, and sayes, God send me no need of thee: and by the operation of the second cup, draws him on the drawer, when indeed there is no need.

Ben. Am I like such a fellow?

Mer. Come, come, thou art as hot a Iacke in thy moode as any in *Italie:* and assoone moued to be moodie, and assoone moodie to be moued.

Begabter darin, sie ins Wort zu kleiden
Mit deinem Atem rings die Luft um uns
Und lass die üppige Musik der Zunge
Jene erträumte Seligkeit entfalten
Die dieses Sichbegegnen uns verspricht.
JULIA Gedachtes, mehr an Stoff reich als an Worten
Brüstet mit Substanz sich, nicht mit Zierrat
Armselig sind, die ihren Wert noch messen
Doch mir wächst meine Liebe so ins Unmaß
Nicht einmal halb kann ich den Reichtum schätzen.
LORENZ Kommt, kommt mit mir: wir tun die Arbeit
Denn, mit Verlaub, ihr bleibt mir nicht allein: [schnell
Erst schafft die Kirche einen Leib aus zwein.

III, 1

BENVOLIO Ich fleh dich an, Mercutio, laß uns heimgehn
Der Tag ist heiß, die Capulets sind draußen
Und treffen wir sie, geht's nicht ohne Krach ab
Die Hitze bringt das Blut ungut in Wallung.
MERCUTIO Du kommst mir vor wie einer von diesen
Kneipengästen, die, kaum daß sie durch die Tür sind, ihren Degen auf den Tisch knallen und dazu sprechen
'Gebe Gott, daß ich dich nicht brauche' und dann, benebelt von Becher Nummer zwei, gegen die Bedienung ziehen, wo sie ihn in der Tat nicht brauchen.
BENVOLIO So komm ich dir vor?
MERCUTIO Tu doch nicht so, du bist genauso ein italienischer Wüterich wie alle andern, genauso wütig auf Wütereien und bei Wütereien genauso wütig.

Ben. And what too?

Mer. Nay and there were two such, we should haue none shortly, for one would kill the other: thou, why thou wilt quarell with a man that hath a haire more, or a haire lesse in his beard, then thou hast: thou wilt quarell with a man for cracking Nuts, hauing no other reason, but because thou hast hasel eyes: what eye, but such an eye wold spie out such a quarel? thy head is as full of quarelles, as an egge is full of meate, and yet thy head hath bene beaten as addle as an egge for quarelling: thou hast quareld with a man for coffing in the streete, because hee hath wakened thy dogge that hath laine asleep in the sun. Didst thou not fall out with a taylor for wearing his new doublet before Easter, with an other for tying his new shooes with olde riband, and yet thou wilt tuter me from quarelling?

Ben. And I were so apt to quarell as thou art, any man should buy the fee-simple of my life for an houre and a quarter.

Mer. The fee-simple, ô simple.

   Enter Tybalt, Petruchio, *and others.*

Ben. By my head here comes the *Capulets*.

Mer. By my heele I care not.

Tybalt. Follow me close, for I will speake to them.
 Gentlemen, Good den, a word with one of you.

Mer. And but one word with one of vs, couple it with something, make it a word and a blowe.

Tib. You shall find me apt inough to that sir, and you wil giue me occasion.

Mercu. Could you not take some occasion without giuing?

BENVOLIO Noch was?
MERCUTIO Nein, ehrlich, gäbs von der Sorte zwei, hätten wir demnächst keinen, weil der eine den andern kalt macht. Du – du krachst dich doch mit jedem, der ein Härchen mehr beziehungsweise ein Härchen weniger im Bart hat als du. Du – du krachst dich mit jedem Nußknacker, aus keinem andern Grund als deinen Haselaugen. Wessen Krachnußauge sonst würde sich so einen Krach ausgucken? Dein Kopf ist so voll mit Krach wie ein Ei mit Glibber und das, obwohl dir dein Kopf wiederholt zu Schaum geschlagen worden ist für deine Kräche. Du hast dich mit einem gekracht weil er auf der Straße gehustet hat und deinen Hund geweckt, der in der Sonne lag und döste. Hast du dich nicht mit einem Schneider angelegt, weil er vor Ostern ein neues Wams trug? Mit einem Schuster, weil er in neue Schuhe alte Senkel einzog? Und du willst mich lehren, Krächen aus dem Weg zu gehn?
BENVOLIO Und wenn ich so scharf auf Kräche wäre wie du, würde mein Resteigentum an Leben rund eine Stunde und 'ne halbe betragen.
MERCUTIO Dein Resteigentum an Leben? O, wie eigentümlich!
BENVOLIO Hab ichs nicht gesagt? Die Capulets.
MERCUTIO Hab ichs nicht gespuckt? Sie sind mir schnuppe.
TYBALT Bleibt dicht bei mir, denn ich red sie an. Gentlemen, gut 'n Abend. Ein Wort mit einem von euch.
MERCUTIO Wie, nur mit einem von uns und nur ein Wort? Legt was drauf, macht ein Wort plus einen Stich draus.
TYBALT Das bin ich gewillt, Sir, sobald Ihr mir Gelegenheit gebt.
MERCUTIO Könnt Ihr nicht einfach Gelegenheit nehmen? Ohne Geben?

Tyb. Mercutio, thou consortest with *Romeo.*
Mer. Consort, what doest thou make vs Minstrels? and
thou make Minstrels of vs, looke to hear nothing but
discords: heeres my fiddlesticke, heeres that shall make
you daunce: zounds consort.
Ben. We talke here in the publike haunt of men:
Either withdraw vnto some priuate place,
Or reason coldly of your greeuances:
Or else depart, here all eyes gaze on vs.
Mer. Mens eyes were made to looke, and let them gaze.
I will not budge for no mans pleasure I.
Enter Romeo.
Tyb. Well peace be with you sir, here comes my man.
Mer. But ile be hangd sir if he weare your liuerie:
Marrie go before to field, heele be your follower,
Your worship in that sense may call him man.
Tyb. Romeo, the loue I beare thee, can affoord
No better terme then this: thou art a villaine.
Ro. Tybalt, the reason that I haue to loue thee,
Doth much excuse the appertaining rage
To such a greeting: villaine am I none.
Therefore farewell, I see thou knowest me not.
Tyb. Boy, this shall not excuse the iniuries
That thou hast done me, therefore turne and draw.
Ro. I do protest I neuer iniuried thee,
But loue thee better then thou canst deuise:
Till thou shalt know the reason of my loue,
And so good *Capulet,* which name I tender
As dearely as mine owne, be satisfied.
Mer. O calme, dishonourable, vile submission:
Alla stucatho carries it away,
Tibalt, you ratcatcher, will you walke?

TYBALT Du, Mercutio, du bläst in Romeos Horn.
MERCUTIO Ich blase in was? Machst du Bläser aus uns?
Und wenn du Bläser aus uns machst, erhoffe dir nichts als
Mißtöne: hier ist meine Blechflöte, die bringt dich zum
Tanzen. Bläser!
BENVOLIO Wir sprechen hier auf öffentlichem Platz
Entweder zieht ihr euch wohin zurück
Oder ihr bleibt kühl beim Diskutieren
Oder ihr trennt euch, alles gafft schon her.
MERCUTIO Zum Schauen ward des Menschen Aug ge-
Laß sie gaffen. Ich räum nicht das Feld, ich.   [schaffen:

TYBALT Zieht hin in Frieden, Sir, hier kommt mein Mann.
MERCUTIO Ich will gehängt sein, Sir, ist er der Eure
Geht vor zum Ort des Zweikampfs und er folgt Euch
In diesem Sinn, Herr, nennt ihn 'Euern Mann'.
TYBALT Romeo, das was ich für dich fühle
Sagt sich am besten so: du bist ein Dreckskerl.
ROMEO Tybalt, der Grund, aus dem ich für dich fühle
Entschuldigt, wenn der Zorn ausbleibt, der solchem
Gruß zukommt: ein Dreckskerl bin ich nicht.
So leb denn wohl, ich sehe, du verkennst mich.
TYBALT Knabe, das entschuldigt nicht das Unrecht
Das mir durch dich geschah: Kehr um und zieh.
ROMEO Ich beteure, nie tat ich dir Unrecht
Ich achte dich weit höher, als du annimmst:
Bis du den Grund für meine Achtung weißt
Mein lieber Capulet - ein Name, den ich
Wie den eignen schätze – halte Ruhe.
MERCUTIO O Unterwürfigkeit, feig, ehrlos, schmachvoll:
Alla stoccata schafft dich aus der Welt.
Tybalt, du Rattenfänger, einen Gang?

Tib. What wouldst thou haue with me?

M. Good King of Cats, nothing but one of your nine liues, that I meane to make bold withall, and as you shall vse mee hereafter drie beate the rest of the eight. Will you plucke your sword out of his pilcher by the eares? Make haste, least mine be bout your eares ere it be out.

Tib. I am for you.
Rom. Gentle *Mercutio,* put thy Rapier vp.
Mer. Come sir, your Passado.
Rom. Draw *Benuolio,* beate downe their weapons,
Gentlemen, for shame forbeare this outrage,
Tibalt, Mercutio, the Prince expresly hath
Forbid this bandying in *Verona* streetes,
Hold *Tybalt,* good *Mercutio.*
                        Away Tybalt.
Mer. I am hurt.
   A plague a both houses, I am sped,
   Is he gone and hath nothing.
Ben. What art thou hurt?
Mer. I, I, a scratch, a scratch, marrie tis inough,
   Where is my Page? go villaine, fetch a Surgion.
Ro. Courage man, the hurt cannot be much.

Mer. No tis not so deepe as a well, nor so wide as a Church doore, but tis inough, twill serue: aske for me to morrow, and you shall finde me a graue man. I am peppered I warrant, for this world, a plague a both your houses, sounds a dog, a rat, a mouse, a cat, to scratch a man to death: a braggart, a rogue, a villaine, that fights by the booke of arithmatick, why the deule came you betweene vs? I was hurt vnder your arme.

TYBALT Was willst denn du von mir?
MERCUTIO Guter Stiefelkater, von Euren neun Leben vorläufig eines. Das werde ich jetzt entschlossen angehen, und je nachdem, wie Ihr mir danach kommt, mache ich mich an die restlichen acht. Wollt Ihr Euren Degen am Ohr aus seinem Futteral zerren? Macht hin, sonst habt Ihr meinen um Eure Ohren eh er draußen ist.
TYBALT Ich bin der Eure.
ROMEO Lieber Mercutio, tu dein Rapier weg.
MERCUTIO Kommt, Sir, Euer Passado.
ROMEO Zieh auch, Benvolio, schlag dazwischen! Schämt
    Gentlemen, Euch hier so zu vergessen!   [Euch
    Tybalt, Mercutio, hat der Fürst nicht deutlich
    Diese Straßenkriege untersagt?
    Laß das, Tybalt! Du, Mercutio, auch!
EINER VON TYBALTS LEUTEN Tybalt, komm weg!
MERCUTIO   Mich hats erwischt.
    Die Pest auf beide Häuser, ich bin hin.
    Und er? Ist weg und hat nichts?
BENVOLIO Was, du bist verletzt?
MERCUTIO Ja, ja, 'n Kratzer, nur ein Kratzer, groß genug
    Wo ist der Page? Hol 'nen Arzt, du Trottel.
ROMEO Sei tapfer, Mann, die Wunde kann nicht schlimm sein.
MERCUTIO Nein, nicht so tief wie'n Brunnen, noch hoch wie 'ne Kirchentür, aber groß genug, es reicht. Fragt morgen nach mir, und ihr findet einen friedhöflichen Mann in mir. In dieser Welt lieg ich im Pfeffer, sag ich euch: die Pest auf eure Häuser, alle beide! Gottsdonner, ein Köter, eine Ratte, Maus, ein Kater und kratzt einen Mann ab! Ein Maulheld, ein Schuft, ein Halunke, der nach dem Schulbuch piekst. Warum, zum Teufel, gingst

Ro. I thought all for the best.
Mer. Helpe me into some house *Benuolio*,
  Or I shall faint, a plague a both your houses.
  They haue made wormes meate of me,
  I haue it, and soundly, to your houses.

                                                  Exit.

Ro. This Gentleman the Princes neare alie,
  My very friend hath got this mortall hurt
  In my behalfe, my reputation staind
  With *Tybalts* slaunder, *Tybalt* that an houre
  Hath bene my Cozen, O sweete *Iuliet,*
  Thy bewtie hath made me effeminate,
  And in my temper softned valours steele.
              Enter Benuolio.
Ben. O *Romeo,Romeo,* braue *Mercutio* is dead,
  That gallant spirit hath aspir'd the Clowdes,
  Which too vntimely here did scorne the earth.
Ro. This dayes blacke fate, on mo daies doth depend,
  This but begins, the wo others must end.
Ben. Here comes the furious *Tybalt* backe againe.
Ro. A liue in triumph and *Mercutio* slaine,
  Away to heauen, respectiue lenitie,
  And fier eyed fury, be my conduct now,
  Now *Tybalt* take the villaine backe againe,
  That late thou gauest me, for *Mercutios* soule
  Is but a little way aboue our heads,
  Staying for thine to keepe him companie:
  Either thou or I, or both, must go with him.

Ty. Thou wretched boy that didst consort him here,

du bloß dazwischen? Unter deinem Arm hats mich erwischt.
ROMEO Ich wollte nur euer Bestes.
MERCUTIO Hilf in einen Torweg mir, Benvolio
Soll ich nicht hier umfallen. Beide Häuser!
Die Pest auf sie. Sie machten mich zu Wurmfraß.
Sie stinken mir auf ewig, eure Häuser!

ROMEO Der Gentleman hier, nah verwandt dem Fürsten
Mein treuer Freund, empfing die Todeswunde
Um meinetwillen, meiner Ehre wegen
Befleckt von Tybalt, von demselben Tybalt
Der seit einer Stunde mir verwandt ist.
O Engel Julia, deine Schönheit formte
Zu einem Mädchen mich und schmolz das Stahlblech
Der Ehrbegier von meiner Männerbrust.
BENVOLIO O Romeo, Romeo, Mercutio ist tot
Der unerschrockne Weltverächter hat
Sich zu den Wolken aufgemacht zu früh.
ROMEO Der schwarze Tag wird alle Tage färben:
Er brachte Unglück, sie sind seine Erben.
BENVOLIO Der schlimme Tybalt kommt dir da zurück.
ROMEO Mercutio liegt und er stolziert im Glück?
Fahr zum Himmel, nachsichtige Sanftmut
Und, rotäugige Wut, du greif das Ruder!
Auf der Stelle, Tybalt, nimm den 'Dreckskerl'
Zurück, den du mir eben angehängt hast
Denn Mercutios Seele wartet knapp
Über unsern Köpfen auf die deine:
Du oder ich, oder du und ich
Gehn mit ihr.
TYBALT   Du Versager kamst mit ihm

Shalt with him hence.
Ro. This shall determine that.
    They Fight. Tibalt *falles.*
Ben. Romeo, away be gone:
 The Citizens are vp, and *Tybalt* slaine,
 Stand not amazed, the Prince wil doome thee death,
 If thou art taken, hence be gone away.
Ro. O I am fortunes foole.
Ben. Why dost thou stay?
    Exit Romeo.
    Enter Citizens.
Citti. Which way ran he that kild *Mercutio*?
 Tybalt that murtherer, which way ran he?
Ben. There lies that *Tybalt.*
Citi. Vp sir, go with me:
 I charge thee in the Princes name obey.
   Enter Prince, olde Mountague, Capulet,
    their wiues and all.
Prin. Where are the vile beginners of this fray?
Ben. O Noble Prince, I can discouer all:
 The vnluckie mannage of this fatall brall,
 There lies the man slaine by young *Romeo,*
 That slew thy kinsman, braue *Mercutio.*
Capu.Wi. Tybalt, my Cozin, O my brothers child,
 O Prince, O Cozen, husband, O the bloud is spild
 Of my deare kinsman, Prince as thou art true,
 For bloud of ours, shead bloud of Mountague.
 O Cozin, Cozin.
Prin. Benuolio, who began this bloudie fray?
Ben. Tybalt here slain, whom *Romeos* hand did slay,
 Romeo that spoke him faire, bid him bethinke
 How nice the quarell was, and vrgd withall

Und ziehst mit ihm ab.
ROMEO   Das wird sich zeigen.

BENVOLIO Romeo, schnell, lauf weg. Die Bürger waffnen
   Und Tybalt liegt hier. Steh nicht so verdattert: [sich
   Der Fürst verurteilt dich zum Tod, wenn sie
   Dich kriegen! Drum lauf weg, schnell, lauf!
ROMEO O, mich verhöhnt mein Glück.
BENVOLIO   Was zögerst du?

BÜRGER Wo ist der hin, der den Mercutio totschlug?
   Tybalt, der Mörder, sagt, wo ist er hin?
BENVOLIO Da liegt euch Tybalt.
BÜRGER   Sir, steht auf, im Namen
   Unsres Fürsten! Hört Ihr, was ich rede?

FÜRST Wer begann die neuerliche Fehde?
BENVOLIO O edler Fürst, ich kann dir alles sagen
   Wer sich mit wem, warum und wie geschlagen
   Romeo schlug den Mann, der Euch da liegt,
   Weil der ihm den Mercutio besiegt.
LADY CAPULET Tybalt, Neffe, Bruderblut entsprossen!
   O Fürst! O Neffe! Gatte! O vergossen
   Ward nah verwandtes Blut! Fürst, richte gut:
   Schütt Montagues Blut aus für unser Blut.
   O Neffe, Neffe!
FÜRST Benvolio, wer wars, der den Streit entfacht hat?
BENVOLIO Tybalt hier, den Romeo umgebracht hat:
   Romeo, der ihm gut zusprach, ihn
   Zu bedenken bat, wie grundlos doch

Your high displeasure all this vttered,
With gentle breath, calm look, knees humbly bowed
Could not take truce with the vnruly spleene
Of *Tybalt* deafe to peace, but that he tilts

With piercing steele at bold *Mercutios* breast,
Who all as hot, turnes deadly poynt to poynt,
And with a Martiall scorne, with one hand beates
Cold death aside, and with the other sends
It backe to *Tybalt,* whose dexteritie
Retorts it, *Romeo* he cries aloud,
Hold friends, friends part, and swifter then his tongue,

His aged arme beates downe their fatall poynts,
And twixt them rushes, vnderneath whose arme,
An enuious thrust from *Tybalt,* hit the life
Of stout *Mercutio,* and then *Tybalt* fled,
But by and by comes backe to *Romeo,*

Who had but newly entertaind reuenge,
And toote they go like lightning, for ere I
Could draw to part them, was stout *Tybalt* slaine:

And as he fell, did *Romeo* turne and flie,
This is the truth, or let *Benuolio* die.

Ca.Wi. He is a kinsman to the *Mountague,*
   Affection makes him false, he speakes not true:
   Some twentie of them fought in this blacke strife,
   And all those twentie could but kill one life.
   I beg for Iustice which thou Prince must giue:
   Romeo slew *Tybalt, Romeo* must not liue.

Der Streit und ihn an Eure allerhöchste
Mißbilligung gemahnte. Doch all dies
Ruhig, freundlich, ja, demütig knieend
Vorgebracht, vermochte nicht, den Tybalt
Den unbeherrschten, taub für Friedensworte
Zum Waffenstillstand zu bewegen, vielmehr
Richtet er den Degen auf die Brust
Des tapferen Mercutio, der, erregt auch
Spitze gegen Spitze setzt und mit
Der Linken kalten Tod zur Seite schlägt
Den seine Rechte Tybalt wiedersendet
Der ihn gewandt zurückgibt. Romeo
Er schreit 'Halt, Freunde, Freunde, auseinander!'
Und schneller als die Zunge wirft er selbst sich
Zwischen sie und schlägt mit seinem Arm
Die Mordgeräte nieder: unter dem Arm
Hindurch trifft ein gemeiner Stoß von Tybalt
Das Leben des besonnenen Mercutio
Woraufhin Tybalt wegläuft. Doch urplötzlich
Taucht er erneut vor Romeo auf, vor ihm
Der jetzt zum Rächer sich gewandelt hat
Und aneinander sind sie wie der Blitz
Denn noch eh ich, sie zu trennen, ziehn kann
Liegt der grimme Tybalt schon erschlagen
Und Romeo, ihn liegen sehend, wendet
Sich zur Flucht. Wahr ist, was ich sage
Ansonsten kürzt Benvolios Lebenstage.
LADY CAPULET Verwandt ist er dem Hause Montague
Er lügt uns an, denn er gehört dazu.
Ihrer zwanzig zogen ihre Degen
Um zwanzigfach ein Dasein zu erlegen
Sprich Recht, Fürst, soll nicht unser Haus verderben

Prin. *Romeo* slew him, he slew *Mercutio,*
 Who now the price of his deare bloud doth owe.
Mon.Wi. Not *Romeo* Prince, he was *Mercutios* friend,
 His fault concludes, but what the law should end,
 The life of *Tybalt*.
Prin. And for that offence,
 Immediately we do exile him hence:
 I haue an interest in your hearts proceeding:
 My bloud for your rude brawles doth lie a bleeding.
 But ile amerce you with so strong a fine,
 That you shall all repent the losse of mine.
 It will be deafe to pleading and excuses,
 Nor teares, nor prayers shall purchase out abuses.
 Therefore vse none, let *Romeo* hence in hast,
 Else when he is found, that houre is his last.
 Beare hence this body, and attend our will,
 Mercie but murders, pardoning those that kill.

Exit.

Enter Iuliet *alone.*

Gallop apace, you fierie footed steedes,
Towards *Phoebus* lodging, such a wagoner
As *Phaetan* would whip you to the west,
And bring in clowdie night immediately.
Spread thy close curtaine loue-performing night,
That runnawayes eyes may wincke, and *Romeo*
Leape to these armes, vntalkt of and vnseene,

Louers can see to do their amorous rights,

Romeo schlug Tybalt, er muß sterben.
FÜRST Romeo schlug ihn, weil er Mercutio schlug
 Wer zahlt mir nun für ihn, der Blutschuld trug?
LADY MONTAGUE Nicht Romeo, Fürst, Mercutio liebte
 Er schloß, was per Gesetz verwirkt ihm schien   [ihn
 Das Leben Tybalts.
FÜRST   Und die dreiste Tat
 Verbannt ihn allsogleich aus unsrer Stadt
 Ich selbst muß mich vor eurer Fehde schützen
 Beginnt ihr wütig, mein Blut zu verspritzen
 Doch meine Strafe lehrt euch das Bedauern
 Ihr alle sollt, was ich verlor, betrauern
 Ausflüchten bin ich taub und schönen Reden
 Den Frevel kauft nicht Weinen frei noch Beten
 Drum spart euch das. Ist Euer Romeo nicht
 Gleich aus der Stadt, harrt sein das Halsgericht.
 Den Leichnam nehmt. Erwartet fernern Spruch
 Verschont sie Mörder, wird die Gnade Fluch.

III, 2

JULIA Lauft im Galopp, ihr flammbehuften Renner
 Heim zu Phoebus' Wohnstatt. Solch ein Lenker
 Wie Phaeton, der stachelte euch westwärts
 Und wirbelnd hinterdrein käm Nachtgewölk.
 Mit dichten Schleiern, liebesfrohe Nacht
 Verhülle reger Wachsamkeit das Auge
 Und lege Romeo mir in die Arme
 Unbeschwatzt und unerblickt. Verliebte

And by their owne bewties, or if loue be blind,
It best agrees with night, come ciuill night,
Thou sober suted matron all in blacke,
And learne me how to loose a winning match,
Plaide for a paire of stainlesse maydenhoods.
Hood my vnmand bloud bayting in my cheekes,
With thy blacke mantle, till strange loue grow bold,
Thinke true loue acted simple modestie:

Come night, come *Romeo,* come thou day in night,
For thou wilt lie vpon the winges of night,
Whiter then new snow vpon a Rauens backe:
Come gentle night, come louing black browd night,
Giue me my *Romeo,* and when I shall die,
Take him and cut him out in little starres,
And he will make the face of heauen so fine,
That all the world will be in loue with night,
And pay no worship to the garish Sun.
O I haue bought the mansion of a loue,
But not possest it, and though I am sold,
Not yet enioyd, so tedious is this day,
As is the night before some festiuall,
To an impatient child that hath new robes
And may not weare them. O here comes my Nurse:

Enter Nurse with cords.
And she brings newes, and euery tongue that speaks
But *Romeos* name, speakes heauenly eloquence:
Now Nurse, what newes? what hast thou there,
The cords that *Romeo* bid thee fetch?
Nur. I, I, the cords.

Genießen ihre amourösen Rechte
Im Glanz der eignen Schönheit, oder, sollte
Liebe blind sein, käme Nacht ihr recht.
Komm, ehrbedachte Nacht, du hohe
Schwarze Dame, lehre mich ein Spiel
Für ein Paar von fleckenlosen Jungfern
Das nur gewinnen kann, wenn es verliert.
Bedecke du mit deinem schwarzen Mantel
Was mir in den Wangen flattert, das
Unzahme Blut, bis scheue Liebe Mut faßt
Und was sie herzhaft tut, nur sittsam findet.
Komm, Nacht, komm, Romeo, komm, Tagnacht
Denn heller liegst du auf dem Nachtgefieder
Als Neuschnee auf dem Rücken eines Raben:
Komm, sanfte Nacht, komm, Nacht mit dunkler Stirn
Gib meinen Romeo mir, und sterbe ich
Nimm ihn und schneid ihn aus zu kleinen Sternen
Und er verschönt dir so das Himmelsantlitz
Daß alle Welt sich in die Nacht verliebt
Und länger nicht der grellen Sonne huldigt.
O ich erwarb ein Haus mir für die Liebe
Doch ich besaß es nicht, und nun bin ich
Verkauft, doch unbewohnt. So zäh zieht dieser
Tag sich wie die Nacht vor einem Fest
Für ein aufgeregtes Kind mit neuen Kleidern
Dies noch nicht tragen darf. O meine Amme:

Und sie bringt Nachricht, und spricht eine Zunge
Nur Romeos Namen, bringt sie Himmelsbotschaft.
Nun, Amme, was für Nachricht? Was ist das?
Für Romeo das Seil?
AMME   Ja, ja, das Seil.

Iu. Ay me what news? Why dost thou wring thy hands?
Nur. A weraday, hees dead, hees dead, hees dead,
   We are vndone Lady, we are vndone.
   Alack the day, hees gone, hees kild, hees dead.
Iu. Can heauen be so enuious?
Nur. Romeo can,
   Though heauen cannot. O *Romeo, Romeo,*
   Who euer would haue thought it *Romeo*?
Iu. What diuell art thou that dost torment me thus?
   This torture should be rored in dismall hell,
   Hath *Romeo* slaine himselfe? say thou but I,
   And that bare vowell I shall poyson more
   Then the death arting eye of Cockatrice,
   I am not I, if there be such an I.
   Or those eyes shot, that makes thee answere I:
   If he be slaine say I, or if not, no.
   Briefe, sounds, determine my weale or wo.
Nur. I saw the wound, I saw it with mine eyes,
   God saue the marke, here on his manly brest,
   A piteous coarse, a bloudie piteous coarse,
   Pale, pale as ashes, all bedawbde in bloud,
   All in goare bloud, I sounded at the sight.
Iu. O break my hart, poore banckrout break at once,
   To prison eyes, nere looke on libertie.
   Vile earth too earth resigne, end motion here.
   And thou and *Romeo* presse on heauie beare.
Nur. O *Tybalt, Tybalt,* the best friend I had,
   O curteous *Tybalt,* honest Gentleman,
   That euer I should liue to see thee dead.
Iu. What storme is this that blowes so contrarie?
   Is *Romeo* slaughtred? and is *Tybalt* dead?
   My dearest Cozen, and my dearer Lord,

JULIA O weh, was noch? Warum ringst du die Hände?
AMME O Jammertag! Ers tot, ers tot, ers tot!
  Wir sind fertig, Lady, fertig sind wir!
  Kohlschwarz der Tag, ers hin, gemetzelt, tot.
JULIA Kann so der Himmel hassen?
AMME   Nicht der Himmel
  Romeo kanns. O Romeo, Romeo, Romeo
  Wer hielte das für möglich! Romeo!
JULIA Welch Teufel bist du, daß du so mich quälst?
  Die Marter schrei im Höllentrübsinn aus.
  Hat Romeo sich entleibt? Sag du jetzt Ja
  Und nur der Ja-Laut hat mehr Gift in sich
  Als der Todesblick des Basilisken
  Ich bin ein Nein, dann, wenn da solch ein Ja ist
  Wenn für dein Ja sich jene Augen schlossen
  Ist er entseelt, sag Ja, wenn nicht, sag Nein
  Ein kurzer Laut bestimmt ein langes Sein.
AMME Ich sah das Loch, mit diesen meinen Augen
  Gott steh mir bei, in seiner Mannsbrust, hier
  Eine Leiche, trostlos, blutig, fahl
  Aschfahl, ganz blutbespritzt, ganz blutverkrustet
  Ein Anblick, bei dem mir die Sinne schwanden.
JULIA O brich, mein Herz, verarmtes, leeres, brich schon!
  In Haft, ihr Augen, keine Freiheit sehen
  Zur Erde, Erde, ende das Bewegen
  Zu Romeo ins Leichtuch laß dich legen.
AMME O Tybalt, Tybalt! Bester Herzensfreund!
  Schneidiger Tybalt! Echter Ehrenmann!
  Daß ich lebe und du wirst beweint.
JULIA Was für ein Sturm bläst so aus jeder Richtung?
  Geschlachtet Romeo und Tybalt tot?
  Mir lieb mein Vetter, lieber noch mein Mann?

    Then dreadfull Trumpet sound the generall doome,
    For who is liuing, if those two are gone?
Nur. *Tybalt* is gone and *Romeo* banished,
    Romeo that kild him he is banished.
Iuli. O God, did *Romeos* hand shead *Tibalts* bloud?
Nur. It did, it did, alas the day, it did.
Iu. O serpent heart, hid with a flowring face.
    Did euer draggon keepe so faire a Caue?
    Bewtifull tirant, fiend angelicall:
    Rauenous douefeatherd rauen, woluishrauening lamb,
    Despised substance of diuinest showe:
    Iust opposite to what thou iustly seem'st,
    A dimme saint, an honourable villaine:
    O nature what hadst thou to do in hell
    When thou didst bower the spirit of a fiend,
    In mortall paradise of such sweete flesh?
    Was euer booke containing such vile matter
    So fairely bound? ô that deceit should dwell
    In such a gorgious Pallace.
Nur. Theres no trust, no faith, no honestie in men,
    All periurde, all forsworne, all naught, all dissemblers.
    Ah wheres my man? giue me some Aqua-vitae:
    These griefs, these woes, these sorrows make me old,
    Shame come to *Romeo.*

Iu. Blisterd be thy tongue
    For such a wish, he was not borne to shame:
    Vpon his brow shame is asham'd to sit:
    For tis a throane where honour may be crownd
    Sole Monarch of the vniuersal earth.
    O what a beast was I to chide at him?
Nur. Wil you speak wel of him that kild your cozin?

Dann erschalle, Weltgerichtsposaune
Denn wer lebt noch, wenn sie beide tot sind?
AMME Tybalt ist tot und Romeo verbannt
Romeo schlug ihn tot, er ist verbannt.
JULIA O Gott! 's war Romeos Hand, die Tybalt schlug?
AMME Sie wars, sie wars, verfluchter Tag, sie wars.
JULIA O Schlangenherz, maskiert vom Schöngesicht
Lag je ein Drache in so hübscher Höhle?
Höflicher Henker, engelgleicher Satan
Ein Rabentäuberich, ein Wolfslamm, außen
Göttlich, innen faul, das Gegenstück
Zu was du völlig schienst, ein Heiliger
Für die Verdammnis, ein geschätzter Schurke
O Natur, welch eine Höllentat
Dem Diesseitsparadies so süßen Fleisches
Den Widergeist des Erzfeinds einzupflanzen
Ward je ein Buch mit so verworfnem Inhalt
So fein gebunden? O daß arge Täuschung
Solch herrlichen Palast bewohnt.
AMME   Trau keinem
Glaub keinem, achte keinen Mann nicht – alle
Falsch, verlogen, eidvergessen, ehrlos.
Wo steckt Peter? Ich brauch einen Schnaps
Der Schmerz, der Gram, der Kummer rafft mich hin
Schande über Romeo!
JULIA   Für den Wunsch
Soll dir die Zunge eitern! Nicht zur Schande
Ward er geboren, Schande geht zuschanden
Auf seiner Stirn, dem Thron der Ehre, die ihn
Zum Herrscher über diese Erde krönt.
O welch ein Tier war ich, ihn zu beschimpfen.
AMME Ihr sprecht gut vom Mörder Eures Vetters?

Iu. Shall I speake ill of him that is my husband?
Ah poor my lord, what tongue shal smooth thy name,
When I thy three houres wife haue mangled it?
But wherefore villaine didst thou kill my Cozin?
That villaine Cozin would haue kild my husband:
Backe foolish teares, backe to your natiue spring,
Your tributarie drops belong to woe,
Which you mistaking offer vp to ioy,
My husband liues that *Tybalt* would haue slaine,
And *Tybalts* dead that would haue slain my husband:
All this is comfort, wherefore weepe I then?
Some word there was, worser then *Tybalts* death
That murdred me, I would forget it faine,
But oh it presses to my memorie,
Like damned guiltie deeds to sinners mindes,
Tybalt is dead and *Romeo* banished:
That banished, that one word banished,
Hath slaine ten thousand *Tybalts: Tybalts* death
Was woe inough if it had ended there:
Or if sower woe delights in fellowship,
And needly will be ranckt with other griefes,
Why followed not when she said *Tybalts* dead,
Thy father or thy mother, nay or both,
Which moderne lamentation might haue moued,
But with a reareward following *Tybalts* death,
Romeo is banished: to speake that word,
Is father, mother, *Tybalt, Romeo, Iuliet,*
All slaine, all dead: *Romeo* is banished,
There is no end, no limit, measure bound,
In that words death, no words can that woe sound.
Where is my father and my mother Nurse?

JULIA Soll ich schlecht von meinem Gatten sprechen?
Ach, armer Mann, wer glättet dir den Namen
Wenn dein Dreistundenweib ihn schon zerreißt?
Doch warum, Unmensch, schlugst du mir den Vetter?
Der Unmensch Vetter schlug mir sonst den Gatten
Lauft rückwärts, Narrentränen, in die Quelle
Dem Leid gehört die Pflichtschuld eurer Tropfen
Die ihr der Freude fehlgeleitet opfert
Töten wollte Tybalt meinen Mann
Mein Mann lebt, tot ist der ihn töten wollte
Tybalt. Das ist Trost. Warum dann weinen?
Da fiel ein Wort, weit fürchterlicher als
Tybalts Tod, das mich umbrachte. Zu gern
Vergäße ichs, doch o, mir im Gedächtnis
Liegt es schwer wie Missetat dem Sünder
Tybalt ist tot und Romeo verbannt
Dieses 'verbannt', dies eine Wort 'verbannt'
Erschlug zehntausend Tybalts. Tybalts Tod
War Schock genug, mehr war nicht nötig, oder
Wenn so ein böser Schock Gesellschaft braucht
Und dringend sich mit anderm Leid will messen
Warum folgte ihrem 'Tot ist Tybalt'
Nicht 'Dein Vater' oder 'deine Mutter'
Nein, beide, worauf eine Weheklage
Von zeitgemäßem Ausmaß sich erhöbe
Nur: folgt im Nachtrab auf das 'Tot ist Tybalt'
'Romeo ist verbannt' – das auszusprechen
Schlägt Vater, Mutter, Tybalt, Romeo, Julia
Schlägt alle tot. 'Romeo verbannt'
Der Tod in dem Wort kennt nicht Maß noch Ende
Zu groß das Leid, als daß ein Wort sich fände.
Wo ist mein Vater, meine Mutter, Amme?

Nur. Weeping and wayling ouer *Tybalts* course,
   Will you go to them? I will bring you thither.
Iu. Wash they his wounds with teares? mine shall be spent,
   When theirs are drie, for *Romeos* banishment.
   Take vp those cordes, poore ropes you are beguilde,
   Both you and I for *Romeo* is exilde:
   He made you for a highway to my bed,
   But I a maide, die maiden widowed.
   Come cordes, come Nurse, ile to my wedding bed,
   And death not *Romeo,* take my maiden head.
Nur. Hie to your chamber, Ile finde *Romeo*
   To comfort you, I wot well where he is:
   Harke ye, your *Romeo* will be here at night,
   Ile to him, he is hid at *Lawrence* Cell.
Iu. O find him, giue this ring to my true Knight,
   And bid him come, to take his last farewell.

                                            Exit.

            Enter Frier and Romeo.

Fri. Romeo come forth, come forth thou fearefull man,
   Affliction is enamourd of thy parts:
   And thou art wedded to calamitie.
Ro. Father what newes? what is the Princes doome?
   What sorrow craues acquaintance at my hand,
   That I yet know not?
Fri. Too familiar
   Is my deare sonne with such sowre companie?
   I bring thee tidings of the Princes doome.
Ro. What lesse then doomesday is the Princes doome?

AMME Weinend und wimmernd über Tybalts Leiche
  Wollt Ihr zu ihnen, bringe ich Euch hin.
JULIA Waschen sie mit Tränen ihm die Wunde?
  Ich hebe meine auf für Romeos Bann
  Nimm das da. Arme Seile, unsre Stunde
  Kommt nicht, im Exil ist unser Mann
  In mein Bett wart ihr sein Weggeleit
  Doch ich, ein Mädchen, sterb im Witwenkleid
  Komm, Strick, komm, Amme, es wird hohe Zeit
  Nicht Romeo, der Tod ists, der mich freit.
AMME Geht Ihr nur zu. Ich suche Romeo auf
  Wenns Euch beruhigt, ich weiß, wo er jetzt ist
  Hört, Romeo versteckt die Nacht sich hier
  Er wartet bei dem Mönch, daß ich ihn hol.
JULIA O lauf! Dem treuen Ritter dies von mir
  Und bitt ihn auf ein letztes Lebewohl.

III, 3

LORENZ Nun komm schon, Romeo, komm, du Mann der
  Trübsinn hängt schwer verliebt dir an den Gliedern [Furcht
  Und deine Gattin heißt Kalamität.
ROMEO Vater, die Nachricht. Was verhängt der Fürst?
  Welches mir noch nicht bekannte Elend
  Wünscht mir die Hand zu reichen?
LORENZ   Zu vertraut schon
  Ist so mißliche Gesellschaft meinem Sohn.
  Ich habe Botschaft, was der Fürst verhängt.
ROMEO Mein Verhängnis wird der Fürst verhängen.

Fri. A gentler iudgement vanisht from his lips,
   Not bodies death, but bodies banishment.
Rom. Ha, banishment? Be mercifull, say death:
   For exile hath more terror in his looke,
   Much more then death, do not say banishment.

Fri. Here from *Verona* art thou banished:
   Be patient, for the world is broad and wide.
Ro. There is no world without *Verona* walls,
   But purgatorie, torture, hell it selfe:
   Hence banished, is banisht from the world.
   And worlds exile is death. Then banished,
   Is death, mistermd, calling death banished,
   Thou cutst my head off with a golden axe,
   And smilest vpon the stroke that murders me.

Fri. O deadly sin, ô rude vnthankfulnes,
   Thy fault our law calls death, but the kind Prince
   Taking thy part, hath rusht aside the law,
   And turnd that blacke word death to banishment.
   This is deare mercie, and thou seest it not.

Ro. Tis torture and not mercie, heauen is here
   Where *Iuliet* liues, and euery cat and dog,
   And litle mouse, euery vnworthy thing
   Liue here in heauen, and may looke on her,
   But *Romeo* may not. More validitie,
   More honourable state, more courtship liues
   In carrion flies, then *Romeo:* they may seaze
   On the white wonder of deare *Iuliets* hand,
   And steale immortall blessing from her lips,

LORENZ Der Richtspruch, denn er fällte, faßt es milder:
Nicht Leibes Tod, nur Leibes Bann.
ROMEO   Ha, Bann?
Erbarme dich, sag 'Tod', nämlich der Tod
Trägt solchen Terror nicht im Blick wie das
Exil. Darum sag 'Tod'. Nur 'Bann' sag nicht.
LORENZ Verbannt bist du nur aus Verona: Nimms
Nicht so schwer, die Welt ist groß und weit.
ROMEO Die Welt ist vor Veronas Mauern nicht
Nur Fegefeuer, Folterkeller, Hölle
Von hier verbannt heißt aus der Welt verbannt
Und aus der Welt verbannt heißt tot: Verbannung
Heißt mit wahrem Namen Tod. Nennst du nun
Den Tod Verbannung, schlägst du mir den Kopf ab
Mit einem Henkersbeil aus Gold und lächelst
Zu dem Hieb, der mich ermordet.
LORENZ   O
Grober Undank! Du versündigst dich!
Für dein Vergehen sieht das Recht den Tod vor
Der Fürst hingegen schiebt zu deinen Gunsten
Unser Recht beiseite und verwandelt
Die schwarze Strafe Tod dir in Verbannung
Und du bist dieser höchsten Gnade blind.
ROMEO 's ist Folter, keine Gnade, denn mein Himmel
Ist hier, wo Julia lebt, und jede Katze
Und jeder Hund und jedes kleinste Mäuschen
Jedes schlechte Ding lebt hier im Himmel
Und darf sie sehn, nur Romeo darfs nicht
Romeo wird an Ansehn, wird an Achtung
Romeo wird an höfischem Respekt
Von einer Stubenfliege übertroffen
Sie darf von Julias wunderweißer Hand

Who euen in pure and vestall modestie
Still blush, as thinking their owne kisses sin.
This may flyes do, when I from this must flie,
And sayest thou yet, that exile is not death?
But *Romeo* may not, he is banished.
Flies may do this, but I from this must flie:
They are freemen, but I am banished.
Hadst thou no poyson mixt, no sharpe ground knife,
No sudden meane of death, though nere so meane,
But banished to kill me: Banished?
O Frier, the damned vse that word in hell:
Howling attends it, how hast thou the heart
Being a Diuine, a ghostly Confessor,
A sin obsoluer, and my friend profest,
To mangle me with that word banished?

Fri. Thou fond mad man, heare me a little speake.
Ro. O thou wilt speake againe of banishment.
Fri. Ile giue thee armour to keepe off that word,
Aduersities sweete milke, Philosophie,
To comfort thee though thou art banished.
Ro. Yet banished? hang vp philosophie,
Vnlesse Philosophie can make a *Iuliet,*
Displant a towne, reuerse a Princes doome,
It helpes not, it preuailes not, talke no more.
Fri. O then I see, that mad man haue no eares.
Ro. How should they when that wise men haue no eyes.
Fri. Let me dispute with thee of thy estate.
Ro. Thou canst not speak of that thou dost not feele,
Wert thou as young as I, *Iuliet* thy loue,
An houre but married, *Tybalt* murdered,
Doting like me, and like me banished,

Besitz ergreifen, Romeo darfs nicht
Er ist verbannt; und sich unsterbliche
Segnungen von Julias Lippen stehlen
Die selbst im Schlaf sich küssend noch erröten
Weil sie den Kuß für Sünde halten, Fliegen
Dürfen das, doch ich muß davor fliehen
Sie sind ein freies Volk, ich bin verbannt
Und doch sagst du, Exil sei nicht gleich Tod?
Gabs keinen Giftkelch, keinen scharfen Dolch
Kein mittelmäßigeres Mittel, mich
Totzuschlagen als 'verbannt'? Verbannt!
O Mönch, das Wort verwenden die Verdammten
Geheul begleitet es. Woher hast du, ein
Gottesmann, ein frommer Beichtiger
Ein Sündenlöser, mein erklärter Freund
Das Herz, mich zu vernichten mit 'verbannt'?
LORENZ Dann, Tollkopf, komme ich nun wohl zu Wort?
ROMEO O dein Wort heißt wieder nur Verbannung.
LORENZ Ich werde gegen dieses Wort dich rüsten
Mit süßer Milch der Not, Philosophie
Die dich erquickt, obgleich man dich verbannt.
ROMEO Noch 'verbannt'? Dann hängt Philosophie!
Schafft Philosophie mir keine Julia
Verpflanzt nicht Städte, wendet Fürstensprüche
Dann hilft sie nichts, sie taugt nichts. Sprich nicht weiter.
LORENZ O ich erkenne, Tollköpfe sind taub.   [sind?
ROMEO Wie denn auch nicht, wenn Weisheitsschädel blind
LORENZ Laß mich, wies um dich steht, mit dir bereden.
ROMEO Bereden kannst du nicht was du nicht fühlst.
Sei jung wie ich und Julia deine Liebe
Ihr Mann seit einer Stunde, Tybalts Mörder
Entflammt wie ich und dann wie ich verbannt

>   Then mightest thou speake,
>   Then mightst thou teare thy hayre,
>   And fall vpon the ground as I do now,
>   Taking the measure of an vnmade graue.
>   *Enter Nurse, and knocke.*
> *Fri.* Arise one knocks, good *Romeo* hide thy selfe.
> *Ro.* Not I, vnlesse the breath of hartsicke grones,
>   Myst-like infold me from the search of eyes.
>   *They knocke.*
> *Fri.* Hark how they knock (whose there) *Romeo* arise,
>   Thou wilt be taken, stay a while, stand vp.
>   *Slud knock.*
>   Run to my studie by and by, Gods will
>   What simplenes is this? I come, I come.
>   *Knocke.*
>   Who knocks so hard? whence come you? whats your will?
>   *Enter Nurse.*
> *Nur.* Let me come in, and you shal know my errant:
>   I come from Lady *Iuliet.*
> *Fri.* Welcome then.
> *Nur.* O holy Frier, O tell me holy Frier,
>   Wheres my Ladyes Lord? wheres *Romeo*?
> *Fri.* There on the ground,
>   With his owne teares made drunke.
> *Nur.* O he is euen in my mistresse case,
>   Iust in her case. O wofull simpathy:
>   Pitious prediccament, euen so lies she,
>   Blubbring and weeping, weeping and blubbring,
>   Stand vp, stand vp, stand and you be a man,
>   For *Iuliets* sake, for her sake rise and stand:
>   Why should you fall into so deepe an O?
> *Rom.* Nurse.

So magst du reden, magst das Haar dir raufen
Und dich erdwärts werfen wie jetzt ich
Maßnehmend für ein ungegrabnes Grab.

LORENZ Steh auf, man klopft. Mein Romeo, versteck dich.
ROMEO Ich nicht, verbirgt der Dunst herzweher Seufzer
Mich nicht wie Nebel vor dem Blick des Suchers.

LORENZ Hör, wie es klopft: Wer da? Erheb dich, Romeo.
Du wirst geschnappt. Moment noch! Steh schon auf.

Rasch, in die Klause. Bin schon da! Gerechter
Was für ein Unverstand. Ich komme schon!

Wer klopft so wild? Wer seid ihr und was wollt ihr?

AMME Erst laßt mich ein und dann hört meine Botschaft.
Mich schickt Lady Julia.
LORENZ   Willkommen.
AMME O frommer Mann, o sagt mir, frommer Mann
Wo ist der Lord der Lady, Romeo?
LORENZ Da, am Boden, tränentrunken.

AMME   O
Ganz wie mein Fräulein, ganz wie sie.
O geeint im Leid, gepaart im Klagen!
Ganz so liegt sie da, verrotzt und schluchzend
Schluchzend und verrotzt. Steh auf, steht auf
Steht und seid ein Kerl. Um Julias Willen
Wer fällt denn gleich in ein so tiefes O?
ROMEO Amme.

Nur. Ah sir, ah sir, deaths the end of all.
Ro. Spakest thou of *Iuliet*? how is it with her?
   Doth not she thinke me an old murtherer,
   Now I haue staind the childhood of our ioy,
   With bloud remoued, but little from her owne?
   Where is she? and how doth she? and what sayes
   My conceald Lady to our canceld loue?
Nur. Oh she sayes nothing sir, but weeps and weeps,
   And now falls on her bed, and then starts vp,
   And *Tybalt* calls, and then on *Romeo* cries,
   And then downe falls againe.

Ro. As if that name shot from the deadly leuell of a gun,
   Did murther her, as that names cursed hand
   Murderd her kinsman. Oh tell me Frier, tell me,
   In what vile part of this Anatomie
   Doth my name lodge? Tell me that I may sacke
   The hatefull mansion.

Fri. Hold thy desperate hand:
   Art thou a man? thy forme cries out thou art:
   Thy teares are womanish, thy wild acts denote
   The vnreasonable furie of a beast.
   Vnseemely woman in a seeming man,
   And ilbeseeming beast in seeming both,
   Thou hast amaz'd me. By my holy order,
   I thought thy disposition better temperd.
   Hast thou slaine *Tybalt*? wilt thou sley thy selfe?
   And sley thy Lady, that in thy life lies,
   By doing damned hate vpon thy selfe?
   Why raylest thou on thy birth? the heauen and earth?

AMME Sir, ah Sir, Leben ist Kampf.
ROMEO Meinst du mit Julia? Was ist mit ihr?
  Denkt sie, ich sei ein greisenhafter Mörder
  Nun, wo ich mit Blut nah bei dem ihren
  Unser Glück als Kind schon übergoß?
  Wo ist sie und was macht sie und was sagt mein
  Verborgnes Weib zu der verbotnen Liebe?
AMME O sie sagt gar nichts, Sir, weint nur und weint
  Und wirft sich auf ihr Bett, fährt wieder hoch
  Und ruft nach Tybalt und schreit 'Romeo'
  Und fällt erneut aufs Bett.
ROMEO   Als sei der Name
  Aus einer Waffe auf sie abgeschossen
  Und sie von ihm ins Herz getroffen worden
  So wie die verfluchte Faust des Namens
  Ins Herz des Vetters traf. O sag mir, Mönch
  Sag mir, in welchem Winkel dieses Baus
  Mein Name tückisch haust, damit ich ihn
  Von da vertreiben kann.
Lorenz   Das Messer weg!
  Bist du ein Mann? Dein Äußeres schreit Ja
  Weibisch sind deine Tränen, deine Wildheit
  Erweist dich als vernunftlos wie ein Tier
  Ein ungestaltes Weib in Mannsgestalt
  Und mißgestaltet' Tier in der Gestalt
  Des Menschen! Du hast mich erstaunt. Ich stand
  Bei meines Ordens Regel, stand im Wahn
  Dein Wesen sei so ziemlich ausgeglichen.
  Erschlugst du Tybalt? Willst nun dich erschlagen
  Und die ein Leben mit dir lebt, dein Weib
  Indem du haßerfüllt dich selbst verdammst?
  Du schmähst dein Dasein, schmähst den Himmel, schmähst

Since birth, and heauen, and earth all three do meet,
In thee at once, which thou at once wouldst loose.
Fie, fie, thou shamest thy shape, thy loue, thy wit,
Which like a Vsurer aboundst in all:
And vsest none in that true vse indeed,
Which should bedecke thy shape, thy loue, thy wit:
Thy Noble shape is but a forme of waxe,
Digressing from the valour of a man,
Thy deare loue sworne but hollow periurie,
Killing that loue which thou hast vowd to cherish,
Thy wit, that ornament, to shape and loue,
Mishapen in the conduct of them both:
Like powder in a skillesse souldiers flaske,
Is set a fier by thine owne ignorance,
And thou dismembred with thine owne defence.
What rowse thee man, thy *Iuliet* is aliue,
For whose deare sake thou wast but lately dead.
There art thou happie, *Tybalt* would kill thee,
But thou slewest *Tibalt,* there art thou happie.
The law that threatned death becomes thy friend,
And turnes it to exile, there art thou happie.
A packe of blessings light vpon thy backe,
Happines courts thee in her best array,
But like a mishaued and sullen wench,
Thou puts vp thy fortune and thy loue:
Take heede, take heede, for such die miserable.
Go get thee to thy loue as was decreed,
Ascend her chamber, hence and comfort her:
But looke thou stay not till the watch be set,
For then thou canst not passe to *Mantua,*
Where thou shalt liue till we can find a time

Die Erde, wo doch Dasein, Himmel, Erde
Zugleich in dir sich finden, alle drei
Und zugleich mit dir verloren gingen. Pfui
Pfui, du schändest Geist, Gefühl, Gestalt
Die überreich, gleich einem Wucherer
Dir zu Gebot stehn, wenn du keins verwendest
Wie es Gestalt, Gefühl und Geist verdienen.
Die Wohlgestalt ist eine Wachsfigur
Ermangelt ihr die Tapferkeit des Mannes
Das Gefühl nichts als ein hohler Meineid
Bringst du die um, die du zu lieben schwurst
Der Geist, der dir Gestalt krönt und Gefühl
Entzündet sich, unfähig, sie zu lenken
Wie Pulver eines achtlosen Soldaten
An deiner eignen Ignoranz, und was dir
Zur Wehr gegeben wurde, das zerreißt dich.
Was, Mann, erraff dich, deine Julia lebt
Der zulieb du dich entleiben wolltest:
Dein Glück! Dich töten wollte Tybalt, aber
Du schlugst ihn: dein Glück! Das Recht, das dir
Den Tod androht, es wird zu deinem Freund
Und macht daraus Exil: dein Glück! Ein Packen
Von Segnungen legt sich dir auf die Schultern
Das Glück umwirbt dich, wies nicht schöner geht
Doch du, gleich einer schlecht gelaunten Trine
Ziehst ihm und deiner Liebe ein Gesicht
Vorsicht, Vorsicht, solche enden ungut.
Geh, mach, daß du zu deiner Frau kommst, klettre
Nach Plan hoch in ihr Zimmer und umarm sie
Sieh nur zu, weg zu sein, bevor das Tor schließt
Sonst kommst du nicht mehr bis nach Mantua
Woselbst du wohnen wirst bis sich die Zeit naht

> To blaze your marriage, reconcile your friends,
> Beg pardon of the Prince and call thee backe,
> With twentie hundred thousand times more ioy
> Then thou wentst forth in lamentation.
> Go before Nurse, commend me to thy Lady,
>
> And bid her hasten all the house to bed,
> Which heauie sorrow makes them apt vnto,
> *Romeo* is comming.

Nur. O Lord, I could haue staid here all the night,
    To heare good counsell, oh what learning is:
    My Lord, ile tell my Lady you will come.
Ro. Do so, and bid my sweete prepare to chide.
Nur. Here sir, a Ring she bid me giue you sir:
    Hie you, make hast, for it growes very late.
Ro. How well my comfort is reuiu'd by this.
Fri. Go hence, goodnight, & here stands al your state:
    Either be gone before the watch be set,
    Or by the breake of day disguise from hence,
    Soiourne in *Mantua,* ile find out your man,
    And he shall signifie from time to time,
    Euery good hap to you, that chaunces here:
    Giue me thy hand, tis late, farewell, goodnight.
Ro. But that a ioy past ioy calls out on me,
    It were a griefe, so briefe to part with thee:
    Farewell.

                                                        Exeunt.

Deine Heirat groß bekannt zu machen
Dir die Verwandtschaft zu versöhnen, Gnade
Vom Fürsten zu erwirken und zurück dich
Zu rufen mit zweihunderttausendmal
Mehr Jubel als wir jetzo deinem Weggang
Klage schulden. Amme, du gehst vor.
Empfiehl mich deiner Lady, bitte sie
Das ganze Haus recht früh zu Bett zu schicken
Wozu die tiefe Trauer Anlaß gibt.
Romeo käme.
AMME O Herr, ich könnte hier die Nacht durch wachen
Den guten Rat zu hören. O Gelahrtheit!
Mylord, dem Fräulein sage ich, Ihr kommt.
ROMEO Das tu, und bitte sie, mich nicht zu schonen.
AMME Hier, Sir, einen Ring schickt sie Euch, Sir.
Beeilt Euch, Tempo, es ist schon recht spät!
ROMEO Wie das meine Zuversicht belebt!
LORENZ Brich auf, Gutnacht, und merk dir Folgendes:
Kommst du nicht weg, bevor die Wache aufzieht
Gehst du frühmorgens aus der Stadt, verkleidet.
In Mantua wend dich hierhin. Deinen Pagen
Send ich von Zeit zu Zeit, dir zu berichten
Was sich zu deinen Gunsten hier ereignet.
Gib mir die Hand. 's ist spät. Leb wohl. Gutnacht.
ROMEO Rief Wonne höchster Wonnen nicht nach mir
Weh tät der kurze Abschied mir von dir.
Leb wohl.

Enter old Capulet, *his wife and* Paris.

Ca. Things haue falne out sir so vnluckily,
　　That we haue had no time to moue our daughter,
　　Looke you, she lou'd her kinsman *Tybalt* dearely
　　And so did I. Well we were borne to die.
　　Tis very late, sheele not come downe to night:
　　I promise you, but for your companie,
　　I would haue bene a bed an houre ago.
Paris. These times of wo affoord no times to wooe:
　　Madam goodnight, commend me to your daughter.
La. I will, and know her mind early to morrow,
　　To night shees mewed vp to her heauines.
Ca. Sir *Paris,* I will make a desperate tender
　　Of my childes loue: I thinke she will me rulde
　　In all respects by me: nay more, I doubt it not.
　　Wife go you to her ere you go to bed,
　　Acquaint her here, of my sonne *Paris* loue,
　　And bid her, marke you me? on wendsday next.
　　But soft, what day is this?
Pa. Monday my Lord.
Ca. Monday, ha ha, well wendsday is too soone,
　　A thursday let it be, a thursday tell her
　　She shall be married to this noble Earle:
　　Will you be ready? do you like this haste?
　　Well, keepe no great ado, a friend or two,
　　For harke you, *Tybalt* being slaine so late,
　　It may be thought we held him carelesly
　　Being our kinsman, if we reuell much:
　　Therefore weele haue some halfe a doozen friends,

III, 4

CAPULET Die Dinge ließen sich so übel an, Sir
Daß Zeit, der Tochter zuzureden, fehlte.
Schaun Sie, sie liebte Vetter Tybalt herzlich
Ganz wie ich. Im Leben sterben wir, gewiß.
's ist sehr spät, sie kommt nicht mehr herunter.
Ich sage Euch, gäbt Ihr uns nicht die Ehre
Läg ich seit einer Stunde in den Federn.
PARIS Die Trauer hat nicht Platz für Trauungspläne.
Gute Nacht. Empfehlung an die Tochter.
LADY CAPULET Gern, und morgen früh frag ich sie aus
Zur Stunde sperrt sie sich in ihren Kummer.
CAPULET Sir Paris, kommt, ich hab die Faxen dick
Meine Tochter liebt Euch, Punkt. Ich meine
Sie hört auf mich in all dem, mehr, ich weiß es.
Frau, geh bei ihr vorbei eh du ins Bett gehst
Sag ihr, hier mein Sohn, Graf Paris liebt sie
Und teil ihr mit, hörst du, am nächsten Mittwoch –
Moment mal, was ist heute?
PARIS   Montag, Sir.
CAPULET Montag, aha. Schön, Mittwoch ist zu früh
Am Donnerstag dann, sag, am Donnerstag
Heiratet sie den edlen Grafen hier.
Seid Ihr bereit? Paßt Euch das so plötzlich?
Kein groß Gedöns – ein Freund nur oder zwei
Tybalt, seht Ihr, ist ja frisch erschlagen
Und 's könnte heißen, daß uns das nicht kratzt
Wenn wir groß feiern. Ein halb Dutzend Freunde
Und Schluß. Was haltet Ihr von Donnerstag?

And there an end, but what say you to Thursday?
Paris. My Lord, I would that thursday were to morrow.
Ca. Well get you gone, a Thursday be it then:
   Go you to *Iuliet* ere you go to bed,
   Prepare her wife, against this wedding day.
   Farewell my Lord, light to my chamber ho,   [and by,
   Afore mee, it is so very late that wee may call it early by
   Goodnight.

                                                Exeunt.

            Enter Romeo *and Iuliet aloft.*

Iu. Wilt thou be gone? It is not yet neare day:
   It was the Nightingale, and not the Larke,
   That pierst the fearefull hollow of thine eare,
   Nightly she sings on yond Pomgranet tree,
   Beleeue me loue, it was the Nightingale.
Rom. It was the Larke the herauld of the morne,
   No Nightingale, looke loue what enuious streakes
   Do lace the seuering cloudes in yonder East:
   Nights candles are burnt out, and iocand day
   Stands tipto on the mystie Mountaine tops,
   I must be gone and liue, or stay and die.

Iu. Yond light is not daylight, I know it I:
   It is some Meteor that the Sun exhale,
   To be to thee this night a Torch-bearer,
   And light thee on thy way to *Mantua*.
   Therefore stay yet, thou needst not to be gone.

PARIS Mylord, ich wünschte, Donnerstag wär morgen.
CAPULET Schön, dann ab mit Euch, bis Donnerstag.
  Du gehst zu Julia, eh du zu Bett gehst
  Präparier sie, Frau, für ihre Hochzeit
  Lebt wohl, Mylord. Licht auf mein Zimmer, he!
  Behüt mich Gott, es ist so grausam spät
  Viel fehlt nicht und 's ist früh. Trotzdem Gutnacht.

III, 5

JULIA Gehen willst du? Doch es tagt noch lang nicht.
  Was dir das angsterfüllte Ohr durchdrang
  War eine Nachtigall und keine Lerche
  Nur nächtens singt sie, da in dem Granatbaum:
  Glaub mir, es war die Nachtigall, Geliebter.
ROMEO Es war die Lerche, Heroldin der Frühe
  Keine Nachtigall. Geliebte, sieh nur
  Wie dort im Osten Streifen Lichts schon eifernd
  Das zerfließende Gewölk umsäumen
  Die Nacht hat ihre Kerzen ausgeblasen
  Die Zehenspitzen eines frohen Tags
  Berühren schon den Dunst der Bergeshöhen
  Ich geh und lebe oder nicht und sterbe.
JULIA Ich weiß genau, das Licht da ist kein Taglicht
  Es ist ein Flammenstern, die Sonne schickt ihn
  Als deinen Fackelträger vor, den Weg
  Nach Mantua dir zu leuchten. Du kannst also
  Ruhig noch bleiben, brauchst noch nicht zu gehen.

Ro. Let me be tane, let me be put to death,
   I am content, so thou wilt haue it so.
   Ile say yon gray is not the the morning: eye,
   Tis but the pale reflex of *Cinthias* brow.
   Nor that is not the Larke whose noates do beate
   The vaultie heauen so high aboue our heads,
   I haue more care to stay then will to go:
   Come death and welcome, *Iuliet* wills it so.
   How ist my soule? lets talke it is not day.

Iu. It is, it is, hie hence be gone away:
   It is the Larke that sings so out of tune,
   Straining harsh Discords, and vnpleasing Sharpes.
   Some say, the Larke makes sweete Diuision:
   This doth not so: for she diuideth vs.
   Some say the Larke and loathed Toad change eyes,
   O now I would they had changd voyces too:
   Since arme from arme that voyce doth vs affray,
   Hunting thee hence, with Hunts up to the day.
   O now be gone, more light and light it growes.

Romeo. More light and light, more darke and darke our woes.
   Enter Nurse hastely.
Nur. Madam.
Iu. Nurse.
Nur. Your Lady Mother is cumming to your chanber,
   The day is broke, be wary, looke about.
Iuli. Then window let day in, and let life out.
Ro. Farewell, farewell, one kisse and Ile descend.
Iu. Art thou gone so loue, Lord, ay husband, friend,
   I must heare from thee euery day in the houre,
   For in a minute there are many dayes,

ROMEO Sollen sie mich fangen, solln sie mich
　　　Zu Tode bringen, ich bin einverstanden
　　　Da du es so willst. Ich sage einfach
　　　Das Graue da ist nicht der Blick der Frühe
　　　Es ist von Lunas Stirn der blasse Abglanz
　　　Noch war das eine Lerche, was da Töne
　　　Zum hohen Himmelsbogen schmetterte.
　　　Wenn ich nicht gehen muß, dann bleibe ich:
　　　Komm, Tod, willkommner! Julia wünscht es sich.
　　　Gut so, mein Leben? Es ist Nacht, wir plaudern.
JULIA Ists eben nicht, ists nicht, geh, ohne Zaudern!
　　　Es ist die Lerche, was da so schief singt
　　　In schrillem Mißklang und mit scharfem Schrei
　　　Es heißt, süß teilt die Lerche Nacht von Tag
　　　Die tut das nicht, denn sie teilt uns. Es heißt
　　　Die Lerche tauschte sich die trüben Augen
　　　Bei der eklen Kröte ein, o jetzt
　　　Wünschte ich, sie tauschten auch die Stimmen
　　　Denn diese Stimme schreckt mit Jagdalarm
　　　Dich aus meinem, mich aus deinem Arm.
　　　Hell wirds und immer heller, o geh schnell!
ROMEO In uns wirds dunkel, wirds um uns auch hell.

AMME Madam!
JULIA Amme?
AMME Eure Mutter ist dabei, heraufzukommen
　　　Der Tag bricht an, es regt sich schon im Haus.
JULIA Auf, Fenster, Tag will 'rein und Leben 'raus.
ROMEO Leb wohl, leb wohl. Komm, einmal noch vereint.
JULIA Gehn so zugleich Geliebter, Gatte, Freund?
　　　Ich will an jedem Tag der Stunde Nachricht
　　　Denn pro Minute sind es viele Tage

O by this count I shall be much in yeares,
Ere I againe behold my *Romeo*.
Rom. Farewell:
I will omit no opportunitie,
That may conuey my greetings loue to thee.
Iu. O thinkst thou we shall euer meete againe?
Rom. I doubt it not, and all these woes shall serue
For sweete discourses in our times to come.
Ro. O God I haue an ill diuining soule,
Me thinkes I see thee now, thou art so lowe,
As one dead in the bottome of a tombe,
Either my eye-sight failes, or thou lookest pale.
Rom. And trust me loue, in my eye so do you:
Drie sorrow drinkes our bloud. Adue, adue. *Exit.*
Iu. O Fortune, Fortune, all men call thee fickle,
If thou art fickle, what dost thou with him
That is renownd for faith? be fickle Fortune:
For then I hope thou wilt not keepe him long,
But send him backe.
Enter Mother.
La. Ho daughter, are you vp?
Iu. Who ist that calls? It is my Lady mother.
Is she not downe so late or vp so early?
What vnaccustomd cause procures her hither?
La. Why how now *Iuliet*?
Iu. Madam I am not well.
La. Euermore weeping for your Cozens death?
What wilt thou wash him from his graue with teares?
And if thou couldst, thou couldst not make him liue:
Therfore haue done, some griefe shews much of loue,
But much of greefe, shewes still some want of wit.
Iu. Yet let me weepe, for such a feeling losse.

O zähl ich so, komm ich hoch in die Jahre
Bevor ich meinen Romeo wiedersehe.
ROMEO Minuten, Stunden, Tage sind verschwendet
Zu denen Romeo dir kein Zeichen sendet.
Leb wohl.
JULIA O denkst du, daß wir uns je wiedersehen?
ROMEO Ich bin mir sicher, und all dieses Elend
Beschafft uns für die Zukunft viel Gesprächsstoff.
JULIA O Gott, wie meine Seele düster weissagt!
Mir ist, als sähe ich dich in der Tiefe
Wie tot am Grunde eines Grabes. Täuscht
Mich mein Auge nicht, bist du sehr blaß.
ROMEO Glaub mir, Geliebte, blaß scheinst du auch mir.
Leid dürstet es nach Blut. Gott sei mit dir!
JULIA O Fortuna, launisch seist du, sagt man
Bist dus, Fortuna, was willst du mit ihm
Dem Musterbild der Treue? Sei du launisch
Fortuna, denn dann hast du ihn bald satt
Und schickst ihn mir zurück.

LADY CAPULET   Kind, seid Ihr auf?
JULIA Wer ruft nach mir? Doch wohl nicht die Frau Mutter:
So spät und liegt nicht oder steht so früh schon?
Was ist so ungewohnt, daß es sie umtreibt?
LADY CAPULET Wie, was denn, Julia?
JULIA   Madam, mir ist unwohl.
LADY CAPULET Noch immer Tränen um den Tod des Vet-
Willst du ihn damit aus der Erde waschen?   [ters?
Und könntest dus, zum Leben käm er doch nicht
Und also laß es. Schmerz in Maßen adelt
Doch Schmerz im Übermaß wirkt unverständig.
JULIA Wer fühlt, was ich verlor, muß weinen dürfen.

La. So shall you feele the losse, but not the friend
   Which you weepe for.
Iu. Feeling so the losse,
   I cannot chuse but euer weepe the friend.
La. Wel gyrle, thou weepst not so much for his death,
   As that the villaine liues which slaughterd him.
Iu. What villaine Madam?
La. That same villaine *Romeo.*
Iu. Villaine and he be many miles a sunder:
   God pardon, I do with all my heart:
   And yet no man like he, doth greeue my heart.
La. That is because the Traytor murderer liues.
Iu. I Madam from the reach of these my hands:
   Would none but I might venge my Cozens death.
La. We will haue vengeance for it, feare thou not.
   Then weepe no more, Ile send to one in *Mantua,*
   Where that same bannisht runnagate doth liue,
   Shall giue him such an vnaccustomd dram,
   That he shall soone keepe *Tybalt* companie:
   And then I hope thou wilt be satisfied.

Iu. Indeed I neuer shall be satisfied
   With *Romeo,* till I behold him. Dead
   Is my poore heart so for a kinsman vext:
   Madam if you could find out but a man
   To beare a poyson, I would temper it:
   That *Romeo* should vpon receit thereof,
   Soone sleepe in quiet. O how my heart abhors
   To heare him namde and cannot come to him,
   To wreake the loue I bore my Cozen,
   Vpon his body that hath slaughterd him.
Mo. Find thou the means, and Ile find such a man,

LADY CAPULET Ihr fühlt nur den Verlust so, nicht den
    Um den Ihr weint.   [Freund
JULIA   Ich habe nicht die Wahl
    Den Freund verlor ich, und drum muß ich weinen.
LADY CAPULET Beweinenswert ist weniger sein Tod
    Als daß der Schurke lebt, der ihn erschlug.
JULIA Der Schurke, Madam?
LADY CAPULET   Ja, der Montague.
JULIA Nie war ein Mann noch weiter weg vom Schurken.
    Vergib ihm, Gott, ich tus von ganzem Herzen
    Wenngleich er mir mein Herz beschwert wie keiner.
LADY CAPULET Das sag ich doch. Er mordete und lebt.
JULIA Ja, wo mein Arm ihn nicht erreicht. Ich wünschte
    Ich ganz allein wär meines Vetters Rächer.
LADY CAPULET Wir werden Rache nehmen, tröste dich.
    Hör auf zu weinen, 's gibt in Mantua
    Wohin sich der Verbannte flüchten will
    Wen, zu dem ich senden will, der reicht ihm
    Den Willkommensschluck, den seltnen, der ihn
    Unsrem Tybalt zur Gesellschaft gibt.
    Und damit, hoff ich, bist auch du zufrieden.
JULIA Mit Romeo zufrieden bin ich dann erst
    Sehe ich ihn vor mir. Tot, wie mir
    Das Herz aus Sorge um den Lieben schlägt.
    Madam, treibt Ihr nur den einen Mann auf
    Der ihm das Gift verabreicht, dann will ich
    Es mischen, so, daß Romeo, trinkt er es
    Schnell ruhig wird. O mein Herz, wie es dich widert
    Daß hier sein Name fällt und nicht er selbst
    Damit du meine Liebe zu dem Vetter
    An seinem Mörderleib ausrasen kannst.
LADY CAPULET Du suchst das Mittel und ich find den Mann.

But now ile tell thee ioyfull tidings Gyrle.
Iu. And ioy comes well in such a needie time,
   What are they, beseech your Ladyship?
M. Well, well, thou hast a carefull father child,
   One who to put thee from thy heauines,
   Hath sorted out a sudden day of ioy,
   That thou expects not, nor I lookt not for.
Iu. Madam in happie time, what day is that?
M. Marrie my child, early next Thursday morne,
   The gallant, young, and Noble Gentleman,
   The Countie *Paris* at Saint *Peters* Church,
   Shall happily make thee there a ioyfull Bride.
Iu. Now by S. *Peters* Church, and *Peter* too,
   He shall not make me there a ioyfull Bride.
   I wonder at this haste, that I must wed
   Ere he that should be husband comes to wooe:
   I pray you tell my Lord and father Madam,
   I will not marrie yet, and when I do, I sweare
   It shall be *Romeo,* whom you know I hate
   Rather then *Paris,* these are newes indeed.
M. Here comes your father, tell him so your selfe:
   And see how he will take it at your hands.
      Enter Capulet *and Nurse.*
Ca. When the Sun sets, the earth doth drisle deaw,
   But for the Sunset of my brothers sonne,
   It rains downright. How now a Conduit girle, what still
   Euermore showring in one litle body?   [in tears
   Thou countefaits. A Barke, a Sea, a Wind:
   For still thy eyes, which I may call the sea,
   Do ebbe and flowe with teares, the Barke thy body is:
   Sayling in this salt floud, the windes thy sighes,

Doch jetzt, Kind, freudigere Neuigkeiten.
JULIA Und sich zu freuen hilft in bittrer Zeit.
  Wie lauten sie, herzallerliebste Mutter?
LADY CAPULET Du gutes Kind hast einen lieben Vater
  Einen, der, vom Trübsinn dich zu heilen
  Dir ein jähes Freudenfest erdacht hat
  Eins, das du nicht absiehst, noch ich vorsah.
JULIA Madam, zu guter Zeit: was für ein Fest?
LADY CAPULET Denk dir, mein Kind, am nächsten Don-
  Soll der galante, junge, edle Herr, Graf Paris   [nerstag
  Gleich morgens in der Kirche von San Pietro
  Froh zu einer Freudenbraut dich machen.
JULIA Nun, bei San Pietros Kirche und ihm selbst:
  Zu einer Freudenbraut macht er mich nicht!
  Die Hast allein erstaunt mich, soll ich mich
  Verheiraten, bevor ich mich verlobte?
  Ich bitte Euch, sagt meinem Herrn und Vater
  Noch heirate ich nicht, und wenn, dann, schwöre ich
  Den verhaßten Romeo noch eher
  Als diesen Paris. Das sind Neuigkeiten!   [selber
LADY CAPULET Hier kommt der Vater: sagt ihm das nur
  Und seht, wie er es, wenns von Euch kommt, aufnimmt.

CAPULET Erlischt die Sonne, weint die Erde Tau
  Doch das Erlöschen meines Brudersohnes
  Zeitigt Regengüsse. Kindchen, bist du
  Ein Springquell? Wie? Bist noch verweint, ergießt
  Dich immerzu? In einem kleinen Körper
  Ahmst du ein Schiff, ein Meer und einen Sturm
  Auf einmal nach: in deinen Augen tritt
  Meergleich Hoch- und Niedrigwasser ein
  Auf den Tränenfluten segelt dir

>   Who raging with thy teares and they with them,
>   Without a sudden calme will ouerset
>   Thy tempest tossed body. How now wife,
>   Haue you deliuered to her our decree?

La. I sir, but she will none, she giues you thankes,
　　I would the foole were married to her graue.
Ca. Soft take me with you, take me with you wife,
　　How will she none? doth she not giue vs thanks?
　　Is she not proud? doth she not count her blest,
　　Vnworthy as she is, that we haue wrought
　　So worthy a Gentleman to be her Bride?
Iu. Not proud you haue, but thankful that you haue:
　　Proud can I neuer be of what I hate,
　　But thankfull euen for hate, that is meant loue.
Ca. How, how, how how, chopt lodgick, what is this?
　　Proud and I thanke you, and I thanke you not,
　　And yet not proud mistresse minion you?
　　Thanke me no thankings, nor proud me no prouds,
　　But fettle your fine Ioynts gainst Thursday next,
　　To go with *Paris* to Saint *Peters* Church:
　　Or I will drag thee on a hurdle thither.
　　Out you greene sicknesse carrion, out you baggage,
　　You tallow face.
La. Fie, fie, what are you mad?

Iu. Good Father, I beseech you on my knees,
　　Heare me with patience, but to speake a word.

Fa. Hang thee young baggage, disobedient wretch,
　　I tell thee what, get thee to Church a Thursday,
　　Or neuer after looke me in the face.

Der Leib als wie ein Schiff dahin, das Seufzer
Wie Sturmwind deine Tränen peitschend
Demnächst mit Mastbruch kentern lassen werden
Tritt nicht bald Flaute ein. Wie steht es, Frau
Habt Ihr ihr unsern Ratschluß übermittelt?
LADY CAPULET Yes, Sir, nur sie dankt und will nichts hören
Von mir aus soll sie doch ihr Grab heiraten.
CAPULET Langsam, weiht mich ein, Frau, weiht mich ein:
Was heißt sie will nichts hören? Dankt sie uns nicht?
Ist sie nicht stolz? Hält sich nicht für gesegnet
Daß wir ihr, der Nichtswürdigen, so einen
Hochwerten Herrn als Bräutigam besorgten?
JULIA Nicht stolz darauf, wohl aber dafür dankbar:
Ich kann nicht stolz auf das sein, was ich hasse
Doch dankbar für den Haß, der Liebe sein will.
CAPULET Wie, was, wie, was, kommst du mit krauser Logik?
'Nicht stolz' und 'dankbar doch' und 'was ich hasse'
Und 'Liebe sein will'? Dame Vorwitz, Ihr
Dankt mir kein Danken, noch stolzt mich mit Stolzen
Sondern setzt mir Eure zarten Füßchen
Auf nächsten Donnerstag mit Paris Richtung Kirche
Sonst fahr ich dich im Schinderkarren hin.
Maul gehalten, bleichsüchtiges Aas!
Bagage du! Talgfresse!
LADY CAPULET   Pfui doch, pfui!
Habt Ihr den Verstand verloren?
JULIA   Vater
Auf meinen Knien flehe ich Euch an
In Geduld ein Wort von mir zu hören.
CAPULET Häng dich, Bagage, aufmüpfiges Luder!
Ich sag dir was: am Donnerstag Sankt Peter
Oder mir nie wieder vor die Augen.

Speake not, replie not, do not answere me.
My fingers itch, wife, we scarce thought vs blest
That God had lent vs but this onely childe,
But now I see this one is one too much,
And that we haue a curse in hauing her:
Out on her hilding.

Nur. God in heauen blesse her:
You are to blame my Lord to rate her so.

Fa. And why my Lady wisdome, hold your tongue,
Good Prudence smatter, with your gossips go.

Nur. I speake no treason,

Cap. ô Godigeden,

Nur. May not one speake?

Fa. Peace you mumbling foole,
Vtter your grauitie ore a Goships bowle,
For here we need it not.

Wi. You are too hot.

Fa. Gods bread, it makes me mad,
Day, night, houre, tide, time, worke, play,
Alone in companie, still my care hath bene
To haue her matcht, and hauing now prouided
A Gentleman of noble parentage,
Of faire demeanes, youthfull and nobly trainde,
Stuft as they say, with honourable parts,
Proportiond as ones thought would wish a man,
And then to haue a wretched puling foole,
A whining mammet, in her fortunes tender,
To answere, ile not wed, I cannot loue:
I am too young, I pray you pardon me.
But and you will not wed, ile pardon you.
Graze where you will, you shall not house with me,
Looke too't, thinke on't, I do not vse to iest.

Sag nichts, entgegne nichts, gib mir nicht Antwort:
Mich juckt es in den Fingern. Frau, wir glaubten
Uns schon gesegnet, als uns Gott dies eine
Kind ließ, doch ich seh jetzt, dieses eine
Ist eins zuviel und sein Besitz ein Fluch.
Scher dich zur Hölle, Flittchen.
AMME   Gott behüte!
Schämt Ihr Euch nicht, so auf sie loszufahren?
CAPULET Und warum sollte ich, Frau Oberschlau?
Schweig still, Klatschmaul, tratsch anderswo.
AMME Ich mein es ja nur gut.
CAPULET   O, Herr des Himmels!
AMME Darf man nichts sagen?
CAPULET   Ruhe, altes Waschweib!
Gib deinen Senf wozu du willst, hier laß es
Hier wird er nicht gebraucht.
LADY CAPULET   Reißt Euch zusammen.
CAPULET Heilige Mutter Gottes, ich schnapp über!
Tags, nachts, zu jeder Stunde, jeder Zeit
Im Jahr, ob im Kontor, am Spieltisch, gleich
Ob ich allein war oder in Gesellschaft
Mir lag nichts mehr am Herzen als ihr Glück
Und jetzt, wo ich ihr einen Mann von Stand
Begütert, jung, aus bestem Haus, verschaffe
Ein Kerl wie aus dem Katalog, gebaut
Nach Wunsch, da fängt die Närrin an zu greinen
Gleich einer Puppe, der die gute Fee naht
Sie aber schreit »Nicht in die Kirche, nicht
Ins Ehebett, ich bin zu jung, vergebt mir!«
Ich werd Euch was vergeben ohne Kirche:
Grast, wo Ihr wollt, bei mir wohnt Ihr nicht länger.
Seht zu, denkt nach: ich pflege nicht zu spaßen.

>   Thursday is neare, lay hand on hart, aduise,
>   And you be mine, ile giue you to my friend,
>   And you be not, hang, beg, starue, dye in the streets.
>   For by my soule ile nere acknowledge thee,
>   Nor what is mine shall neuer do thee good:
>   Trust too't, bethinke you, ile not be forsworne.
>
>   *Exit.*
>
> *Iu.* Is there no pittie sitting in the cloudes
>   That sees into the bottome of my greefe?
>   O sweet my Mother cast me not away,
>   Delay this marriage for a month, a weeke,
>   Or if you do not, make the Bridall bed
>   In that dim Monument where *Tibalt* lies.
> *Mo.* Talke not to me, for ile not speake a word,
>   Do as thou wilt, for I haue done with thee.
>
>   *Exit.*
>
> *Iu.* O God, ô Nurse, how shall this be preuented?
>   My husband is on earth, my faith in heauen,
>   How shall that faith returne againe to earth,
>   Vnlesse that husband send it me from heauen,
>   By leauing earth? comfort me, counsaile me:
>   Alack, alack, that heauen should practise stratagems
>   Vpon so soft a subiect as my selfe.
>   What sayst thou, hast thou not a word of ioy?
>   Some comfort Nurse.
> *Nur.* Faith here it is, *Romeo* is banished and all the world to
>   [nothing,
>   That he dares nere come back to challenge you
>   Or if he do, it needs must be by stealth.
>   Then since the case so stands as now it doth,
>   I thinke it best you married with the Countie,

Donnerstag ist nahe. Haltet Einkehr:
Folgt Ihr mir, geb ich Euch meinem Freund
Folgt Ihr mir nicht, erhängt Euch, bettelt, hungert
Verreckt am Weg, denn dann, bei meinem Heil
Verstoß ich Euch, und nie soll, was mein Eigen
Euch guttun. Verlaßt Euch drauf. Bedenkt Euch.
Ich nehme diesen Schwur nicht mehr zurück.

JULIA Sitzt denn kein Mitleid in den Wolken droben
Das meiner Kümmernis bis auf den Grund sieht?
O liebste Mutter, stoßt mich nicht zurück
Um einen Monat schiebt, um eine Woche
Die Hochzeit auf: wenn nicht, macht mir das Brautbett
Wo Tybalt ruht, in seinem Grabmalsdämmer.

LADY CAPULET Red nicht an mich hin, ich sag eh kein Wort:
Mach, was du willst, aus dir mach ich mir nichts mehr.

JULIA O Gott! O Amme, wie den Knoten lösen?
Mein Mann ist irdisch, himmlisch ist mein Treuschwur
Wie soll der Schwur zur Erde wiederkehren
Verläßt der Mann sie nicht und sendet ihn
Vom Himmel mir zurück? Hilf, rate mir!
Weh mir, wehrlos bin ich, und dort oben
Wird listig gegen mich ein Krieg geführt.
Was sagst du? Hast du nicht ein Wort der Freude?
Amme, einen Trost.

AMME   Hier kommt er schon.
Verbannt ist Romeo, und ich verwette
Die ganze Welt für nichts, er wagt es nicht
Und kommt zurück und will sein Recht auf Euch
Wenn aber doch, kann es nur heimlich sein.
Nun also, da der Fall liegt wie er liegt
Denk ich, das Beste ist, Ihr nehmt den Grafen.

           O hees a louely Gentleman:
           Romios a dishclout to him, an Eagle Madam
           Hath not so greene, so quick, so faire an eye
           As *Paris* hath, beshrow my very hart,
           I thinke you are happie in this second match,
           For it excels your first, or if it did not,
           Your first is dead, or twere as good he were,
           As liuing here, and you no vse of him.

Iu. Speakst thou from thy heart?
Nur. And from my soule too, else beshrew them both.
Iu. Amen.
Nur. What?
Iu. Well thou hast comforted me maruellous much,
     Go in, and tell my Lady I am gone,
     Hauing displeas'd my father, to *Laurence* Cell,
     To make confession, and to be obsolu'd.
Nur. Marrie I will, and this is wisely done.
Iu. Aunciant damnation, ô most wicked fiend,
     Is it more sin to wish me thus forsworne,
     Or to dispraise my Lord with that same tongue,
     Which she hath praisde him with aboue compare,
     So many thousand times? Go Counsellor,
     Thou and my bosome henceforth shall be twaine:
     Ile to the Frier to know his remedie,
     If all else faile, my selfe haue power to die.

                                                      Exit.

O, er ist ein netter Gentleman:
Romeo ist ein Handtuch gegen ihn.
Kein Adlerauge, Madam, ist so grün,
So scharf, so klar wie dem Graf Paris seins.
Verwünscht mein Herz, ich denke, Ihr habt Schwein
Mit dieser zweiten Hochzeit, in den Schatten
Stellt sie die erste, oder selbst wenn nicht
Der erste Mann ist tot, na, so gut wie
Mit Euch hier und ihm als keiner Hilfe.
JULIA Meinst du das ernst?
AMME   So wahr ich selig sein will.
JULIA Amen.
AMME   Wie?
JULIA   Das war ein schöner Trost.
  Nun lauf, und meiner Mutter sag, ich ginge
  Weil ich den Vater aufgeregt, zu Bruder Lorenz
  Zur Beichte, um Vergebung zu erlangen.
AMME Das mach ich gern, und Ihr tut gut daran.
JULIA Uralte Hölle! O verdammter Erzfeind!
  Was ist die größre Sünde: mich zum Meineid
  Zu verleiten, oder meinen Gatten
  Mit derselben Zunge zu verleumden
  Mit der sie ihn mir tausendfach als un-
  Vergleichlich angepriesen hat? Geh, Rätin
  Du und mein Innerstes, ihr seid entzwei
  Den Mönch frag ich nach Rettung in der Not
  Schlägt alles fehl, ist in mir Kraft zum Tod.

Enter Frier and Countie Paris.

Fri. On Thursday sir: the time is very short.
Par. My Father *Capulet* will haue it so,
   And I am nothing slow to slacke his haste.
Fri. You say you do not know the Ladies minde?
   Vneuen is the course, I like it not.
Par. Immoderately she weepes for *Tybalts* death,
   And therefore haue I little talke of loue,
   For *Venus* smiles not in a house of teares.
   Now sir, her father counts it daungerous
   That she do giue her sorrow so much sway:
   And in his wisedome hastes our marriage,
   To stop the inundation of her teares.
   Which too much minded by her selfe alone
   May be put from her by societie.
   Now do you know the reason of this haste.
Fri. I would I knew not why it should be slowed.
   Looke sir, here comes the Lady toward my Cell.
             Enter Iuliet.
Pa. Happily met my Lady and my wife.
Iu. That maybe sir, when I may be a wife.
Pa. That may be, must be loue, on Thursday next.
Iu. What must be shall be.
Fri. Thats a certaine text.
Par. Come you to make confession to this Father?
Iu. To aunswere that, I should confesse to you.
Pa. Do not denie to him, that you loue me.
Iu. I will confesse to you that I loue him.
Par. So will ye, I am sure that you loue me.

IV,1

LORENZ Am Donnerstag schon, Sir? Das ist sehr knapp.
PARIS Mein Schwiegervater Capulet, er wills so
Und wo ers eilig hat, bin ich kein Bremser.
LORENZ Nur was die Lady denkt ist Euch nicht klar?
Der Kurs ist unegal, ich mag ihn nicht.
PARIS Sie hört nicht auf, um Tybalts Tod zu weinen
Und das erschwert mir den verliebten Plausch
Denn Venus lacht in keinem Trauerhaus.
Ihr Vater nun, Sir, hält es für gefährlich
Daß sie dem Kummer so viel Macht einräumt
Und drängt in seiner Weisheit auf die Hochzeit
Den Überfluß der Tränen ihr zu hemmen
Und ihn, den sie für sich allein nicht meistert
Durch Festesfreuden von ihr abzulenken.
Nun wißt Ihr auch den Grund für seine Eile.
LORENZ Wüßt ich nur nicht, was sie verringern muß.
Seht, Sir, die Lady selbst naht meiner Zelle.

PARIS Das trifft sich, meine Freundin und bald Frau.
JULIA Kann sein, Sir, kann das ich sein, Eure Frau.
PARIS Das kann sein muß sein, Lieb: nur noch zwei Tage.
JULIA Was sein muß, wird sein.
LORENZ   Das steht außer Frage.
PARIS Kommt Ihr, bei dem Pater hier zu beichten?
JULIA Gäb ich Euch Antwort, beichtete ich Euch.
PARIS Leugnet ihm nicht ab, daß Ihr mich liebt.
JULIA Euch will ich beichten, er ists, den ich liebe.
PARIS Und grad so ihm, das weiß ich, daß du mich liebst.

Iu. If I do so, it will be of more price,
  Being spoke behind your backe, then to your face.
Par. Poor soule thy face is much abusde with tears.
Iu. The teares haue got small victorie by that,
  For it was bad inough before their spight.
Pa. Thou wrongst it more then tears with that report.
Iu. That is no slaunder sir, which is a truth,
  And what I spake, I spake it to my face.
Pa. Thy face is mine, and thou hast slandred it.
Iu. It may be so, for it is not mine owne.
  Are you at leisure, holy Father now,
  Or shall I come to you at euening Masse?
Fri. My leisure serues me pensiue daughter now,
  My Lord we must entreate the time alone.
Par. Godshield, I should disturbe deuotion,
  Iuliet, on Thursday early will I rowse yee,
  Till then adue, and keepe this holy kisse.

Exit.

Iu. O shut the doore, and when thou hast done so,
  Come weepe with me, past hope, past cure, past help.
Fri. O *Iuliet* I already know thy greefe,
  It straines me past the compasse of my wits,
  I heare thou must, and nothing may prorogue it,
  On Thursday next be married to this Countie.
Iu. Tell me not Frier, that thou hearest of this,
  Vnlesse thou tell me, how I may preuent it:
  If in thy wisedome thou canst giue no helpe,
  Do thou but call my resolution wise,
  And with this knife ile helpe it presently.
  God ioynd my heart, and *Romeos* thou our hands
  And ere this hand by thee to *Romeos* seald:

JULIA Tät ich das, es würd Euch besser taugen
   Tät ichs Euch im Rücken statt vor Augen.
PARIS Deine Augen litten unter Tränen.
JULIA Kein großer Sieg der Tränen, denn die Augen
   Waren schon getrübt vor ihrem Angriff.
PARIS Mehr als die Tränen macht dies Wort sie schlecht.
JULIA Nicht das macht schlecht, was wahr ist, Sir, und ich
   Ich sprach das, was ich sprach, zu meinen Augen.
PARIS Die hast du nur für mich und schmähst sie mir.
JULIA Das kann gut sein, denn meine sind es nicht.
   Ob Ihr, mein frommer Vater, mir wohl jetzt
   Von Eurer Muße – oder komme ich zur Vesper?
LORENZ Meine Muße, ernstes Kind, ist dein jetzt.
   Mylord, wollt Ihr so gütig sein und uns –
PARIS Verhüte Gott, daß ich die Andacht störe!
   Julia, auf Donnerstag. Ich komme
   Früh dich wecken. Bis dahin Adieu.
   Und diesen Kuß bewahre du als heilig.
JULIA O schließ die Tür, und hast du das getan   [mehr.
   Komm, wein mit mir: kein Plan, kein Trost, kein Halt
LORENZ O Julia, ich weiß von deinem Elend
   Es überspült den Wohnkreis der Vernunft mir
   Hör ich doch, du mußt, und nichts kanns wenden
   Am Donnerstag den Grafen ehelichen.
JULIA Sag mir nicht, Mönch, daß du davon gehört hast
   Ohne mir zu sagen, wie ichs ändre.
   Weißt du in deiner Weisheit auch nicht weiter
   Nenn das, was ich zu tun gewillt bin, weise
   Und schnell hilft hier dies Messer mir heraus.
   Gott gab mein Herz und Romeos zusammen
   Du unsre Hände, und bevor die Hand hier
   Von dir an Romeos Hand gesiegelt, sich

      Shall be the Labell to an other deed,
      Or my true heart with trecherous reuolt,
      Turne to an other, this shall sley them both:
      Therefore out of thy long experienst time,
      Giue me some present counsell, or behold
      Twixt my extreames and me, this bloudie knife
      Shall play the vmpeere, arbitrating that,
      Which the commission of thy yeares and art,
      Could to no issue of true honour bring:
      Be not so long to speake, I long to die,
      If what thou speakst, speake not of remedie.
Fri. Hold daughter, I do spie a kind of hope,
      Which craues as desperate an execution,
      As that is desperate which we would preuent.
      If rather then to marrie Countie *Paris*
      Thou hast the strength of will to slay thy selfe,
      Then is it likely thou wilt vndertake
      A thing like death to chide away this shame,
      That coapst with death, himselfe to scape from it:
      And if thou darest, Ile giue thee remedie.
Iu. Oh bid me leape, rather then marrie *Paris,*
      From of the battlements of any Tower,
      Or walke in theeuish wayes, or bid me lurke
      Where Serpents are: chaine me with roaring Beares,
      Or hide me nightly in a Charnel house,
      Orecouerd quite with dead mens ratling bones,
      With reekie shanks and yealow chaples sculls:
      Or bid me go into a new made graue,
      And hide me with a dead man in his,
      Things that to heare them told, haue made me tremble,
      And I will do it without feare or doubt,

Zum Zeichen eines nächsten Bundes hergibt
Oder gar mein Herz verräterisch
Ein andres sucht, macht dies hier beide leblos.
Darum gib du, durch Zeiten klug geworden
Mir einen Rat, und schnell: sonst sieh du zu
Wie dieser Dolch hier blutig zwischen mir
Und meinen Nöten Schiedsmann spielt, das schlichtend
Was dein Gewinn an Alter und an Kniffen
Zu keinem Schluß in Ehren bringen konnte.
Und zögre nicht: ich zögre nicht zu sterben
Bewahrt dein Rat mich nicht vor dem Verderben.
LORENZ Halt, Tochter, ich erspähe was wie Hoffnung
Die so verzweifelte Entschließung braucht
Wie, was sie hindern soll, verzweifelt ist.
Bist du gewillt, dich eher selbst zu morden
Als dich dem Grafen Paris zu verbinden
So unternimmst du auch wohl, diesen Schimpf
Dem zu entgehen du den Tod umarmst
Durch was wie Tod, das nicht Tod ist, zu bannen:
Und wagst du das, weiß ich dir einen Rat.
JULIA O laß mich, statt dem Graf mich zu verbinden
Von irgendeines Turmes Zinne springen
Unter Räuber gehen, mich verkriechen
In Schlangennestern, kette zwischen Bären
Brüllenden, mich an. Oder du steckst mich
Nächtens in ein Beinhaus, ganz durchrasselt
Von Knochen Toter, fauligem Gebein
Von gelben, kieferlosen Schädeln. Oder
Leg mich in ein frisch gegrabnes Grab
Zu einem toten Mann ins Leichentuch
So Sachen, die zu hören mich einst schreckte
Und ich tu sie ohne Furcht und Zaudern

>   To liue an vnstaind wife to my sweete loue.
> *Fri.* Hold then, go home, be merrie, giue consent,
>   To marrie *Paris:* wendsday is to morrow,
>   To morrow night looke that thou lie alone,
>   Let not the Nurse lie with thee in thy Chamber:
>   Take thou this Violl being then in bed,
>   And this distilling liquor drinke thou off,
>   When presently through all thy veines shall run,
>   A cold and drowzie humour: for no pulse
>   Shall keepe his natiue progresse but surcease,
>   No warmth, no breath shall testifie thou liuest,
>   The roses in thy lips and cheekes shall fade:
>   Too many ashes, thy eyes windowes fall:
>   Like death when he shuts vp the day of life.
>   Each part depriu'd of supple gouernment,
>   Shall stiffe and starke, and cold appeare like death,
>   And in this borrowed likenesse of shrunke death
>   Thou shalt continue two and fortie houres,
>   And then awake as from a pleasant sleepe.
>   Now when the Bridegroome in the morning comes,
>   To rowse thee from thy bed, there art thou dead:
>   Then as the manner of our countrie is,
>   Is thy best robes vncouered on the Beere,
>   Be borne to buriall in thy kindreds graue:
>   Thou shall be borne to that same auncient vault,
>   Where all the kindred of the *Capulets* lie,
>   In the meane time against thou shalt awake,
>   Shall *Romeo* by my Letters know our drift,
>   And hither shall he come, an he and I
>   Will watch thy walking, and that very night
>   Shall *Romeo* beare thee hence to *Mantua.*

Leb ich als Gattin unbefleckt dem Lieben.
LORENZ Dann höre mich: du gehst nach Haus, bist heiter
Willigst in die Heirat ein mit Paris.
Morgen ist erst Mittwoch, morgen Nacht
Sieh zu, daß du allein bist, laß die Amme
Nicht bei dir im Zimmer schlafen. Nimm
Hier die Phiole, leg dich auf dein Bett
Und trinke die Essenz auf einmal aus:
Augenblicklich läuft durch alle Adern
Dir ein kühles, schläfriges Gefühl
Denn dein Puls hört beinah auf zu schlagen
Nicht Wärme, nicht ein Atemzug bezeugen
Daß du lebst, zu grauer Asche welken
Die Rosen dir auf Lippen und auf Wangen
Als schlösse Tod des Lebenstages Fenster
So fallen deine Augen zu. Die Glieder
Ihrer Biegsamkeit beraubt, erscheinen
Leichensteif und totenstarr und kalt
Und dies gefälschte Ebenbild des Endes
Wirst du für zweiundvierzig Stunden sein
Und dann wie aus dem schönsten Schlaf erwachen.
Kommt nun dein Bräutigam am frühen Morgen
Um dich an deinem großen Tag zu wecken
Liegst du da tot. Dann, wie es hierorts Brauch ist
Wirst du in deinem schönsten Kleid und offen
Auf einer Bahre in die alte Gruft getragen
In der die Capulets seit alters ruhn.
In der Zwischenzeit, bevor du aufwachst
Schreib ich an Romeo, was wir hier planten
Und daß er kommen soll. Und er und ich
Erwarten dein Erwachen, und die Nacht noch
Nimmt Romeo dich mit nach Mantua.

And this shall free thee from this present shame,
If no inconstant toy nor womanish feare,
Abate thy valour in the acting it.
Iu. Giue me, giue me, O tell not me of feare
Fri. Hold get you gone, be strong and prosperous
In this resolue, ile send a Frier with speed
To *Mantua,* with my Letters to thy Lord.
Iu. Loue giue me strength, and strength shall helpe afford:
Farewell deare father.   *Exit.*

Enter Father Capulet, *Mother, Nurse, and
Seruing men, two or three.*

Ca. So many guests inuite as here are writ,
Sirrah, go hire me twentie cunning Cookes.
Ser. You shall haue none ill sir, for ile trie if they can lick
their fingers.
Capu. How canst thou trie them so?
Ser. Marrie sir, tis an ill Cooke that cannot lick his owne
fingers: therefore hee that cannot lick his fingers goes not
with me.
Ca. Go be gone, we shall be much vnfurnisht for this time:
What is my daughter gone to Frier *Lawrence*?

Nur. I forsooth.
Cap. Well, he may chance to do some good on her,
A peeuish selfewield har lottry it is.
Enter Iuliet.
Nur. See where she comes from shrift with merie looke.
Ca. How now my headstrong, where haue you bin gadding?

Und los bist du die Schande, die dir droht
Es sei denn, Unbestand und Weiberfurcht
Rauben unterwegs dir deinen Mut.
JULIA Gib her, gib her! O sprich nicht mir von Furcht.
LORENZ Lauf. Möge dein Entschluß dir Stärke geben.
Nach Mantua send ich eilig einen Bruder
Mit meinen Nachrichten für deinen Mann.
JULIA Die Liebe stärkt mich, wies nur Liebe kann.
Vater, lebt wohl.

IV, 2

CAPULET Wer hier geschrieben steht, den lädst du ein.
Und du beschaffst mir zwanzig tolle Köche.
DIENER Schlechte soll Ihr keine kriegen, Sir. Denn ich teste
immer erst, ob sie sich die Finger lecken.
CAPULET Wie? Das testest du?
DIENER Unbedingt, Sir, das ist Euch kein guter Koch, der sich
nicht die Finger leckt. Also, leckt einer sich nicht die Finger,
kommt er nicht mit.
CAPULET Zieh Leine. Es wird diesmal an so manchem
Mangel herrschen. Wo ist meine Tochter?
Hin zu Bruder Lorenz?
AMME   Ja, gewiß doch.
CAPULET Na, der bringt sie womöglich zu Verstand
Halsstarrige Schlampe, die sie ist.

AMME Da kommt sie kreuzfidel Euch von der Beichte.
CAPULET Und du, mein Trotzkopf? Wo treibst du dich 'rum?

Iu. Where I haue learnt me to repent the sin
   Of disobedient opposition,
   To you and your behests, and am enioynd
   By holy *Lawrence,* to fall prostrate here,
   To beg your pardon, pardon I beseech you,
   Henceforward I am euer rulde by you.
Ca. Send for the Countie, go tell him of this,
   Ile haue this knot knit vp to morrow morning.
Iu. I met the youthfull Lord at *Lawrence* Cell,
   And gaue him what becomd loue I might,
   Not stepping ore the bounds of modestie.
Cap. Why I am glad ont, this is wel, stand vp,
   This is ast should be, let me see the Countie:
   I marrie go I say and fetch him hither.
   Now afore God, this reuerend holy Frier,
   All our whole Citie is much bound to him.
Iu. Nurse, will you go with me into my Closet,
   To helpe me sort such needfull ornaments,
   As you thinke fit to furnish me to morrow?
Mo. No not till Thursday, there is time inough.
Fa. Go Nurse, go with her, weele to Church to morrow.

                                        Exeunt.

Mo. We shall be short in our prouision,
   Tis now neare night.
Fa. Tush, I will stirre about,
   And all things shall be well, I warrant thee wife:
   Go thou to *Iuliet,* helpe to decke vp her,
   Ile not to bed to night, let me alone:
   Ile play the huswife for this once, what ho?
   They are all forth, well I will walke my selfe
   To Countie *Paris,* to prepare vp him
   Against to morrow, my heart is wondrous light,

JULIA Wo man mich lehrt die Sünde zu bereuen
   Des renitenten Ungehorsams wider
   Euch und Eur' Geheiß, und Bruder Lorenz
   Fromm mir auferlegt, vor Euch zu knien
   Und mir Verzeihung von Euch zu erflehn.
   Verzeiht mir, bitte. Was Ihr sagt, ich tu es.
CAPULET Schickt nach dem Gräfchen, sagt ihm das. Ich will
   Daß dieser Knoten morgen früh geknüpft wird.
JULIA Ich traf den jungen Herrn in Lorenz' Zelle
   Und gab ihm so viel Liebe als sich ziemte
   Wenn ich die Anstandsgrenzen wahren wollte.
CAPULET Na also, freut mich, das ist schön! Steht auf
   Das geht so wie es soll. Seh ich den Graf bald!
   Ja, ihn, sag ich, zum Kuckuck, schafft ihn her!
   Bei Gott, der ehrwürdige Klosterbruder
   Unsre ganze Stadt ist ihm verpflichtet.
JULIA Amme, geht Ihr wohl mit auf mein Zimmer
   Und helft, an Schmuck und Kleidern auszuwählen
   Was Euch an mir für morgen passend scheint?   [Zeit.
LADY CAPULET Nein, nicht vor Donnerstag, das hat noch
CAPULET Geht mit ihr, Amme, morgen gehts zur Kirche.

LADY CAPULET Wir haben nicht einmal genug zu essen
   Alles hat schon zu.
CAPULET   Scht, laß mich machen
   Und alles geht nach Wunsch, ich sags dir, Frau.
   So lauf zu Julchen, hilf, sie aufzutakeln
   Ich tu heut Nacht kein Auge zu. Nun lauf schon
   Dies eine Mal will ich die Hausfrau spielen.
   Heda! Alle weg. Ich will gleich selbst gehn
   Den Grafen Paris mir zu präparieren
   Auf morgen früh. Mir ist so leicht ums Herz

Since this same wayward Gyrle is so reclaymd.

Exit.

Enter Iuliet *and Nurse.*

Iu. I those attires are best, but gentle Nurse
I pray thee leaue me to my selfe to night:
For I haue need of many orysons,
To moue the heauens to smile vpon my state,
Which well thou knowest, is crosse and full of sin.
Enter Mother.
Mo. What are you busie ho? need you my helpe?
Iu. No Madam, we haue culd such necessaries
As are behoofefull for our state to morrow:
So please you, let me now be left alone,
And let the Nurse this night sit vp with you,
For I am sure you haue your hands full all,
In this so sudden businesse.
Mo. Good night.
Get thee to bed and rest, for thou hast need.

Exeunt.

Iu. Farewell, God knowes when we shall meete againe,
I haue a faint cold feare thrills through my veines,
That almost freezes vp the heate of life:
Ile call them backe againe to comfort me.
Nurse, what should she do here?
My dismall sceane I needs must act alone.
Come Violl, what if this mixture do not worke at all?
Shall I be married then to morrow morning?

Seit dieses wilde Kind mir aus der Hand frißt.

IV,3

JULIA Ja, das Kleid ist festlich. Liebe Amme
Ich bitte dich, laß mich allein heut Nacht
Denn ich werde viel zu beten haben
Wenn mir der Himmel lächeln soll, die ich
Du weißt es, schuldbeladen bin und sündig.

LADY CAPULET Na, seid ihr am Kramen? Kann ich helfen?
JULIA Madam, nein, was uns für Morgen gut schien
Das haben wir bereits herausgesucht.
So verstattet mir, allein zu bleiben
Und laßt die Amme um Euch sein die Nacht durch
Denn Ihr habt sicher alle Hände voll
Zu tun bei all der Hast.
LADY CAPULET   Gut Nacht. Ins Bett jetzt
Und schön geruht, du wirst es nötig haben.

JULIA Lebt wohl. Gott weiß, wann wir uns wiedersehen.
Da ist die Furcht schon, schwach und kalt durchläuft sie
Die Adern mir und Lebenswärme schwindet
Ich ruf die Amme wieder, mich zu trösten
Was soll sie mir? Ich muß die Sterbeszene
Alleine spielen, anders geht es nicht.
Komm, Glas.
Was aber, wenn die Mixtur gar nicht wirkt?
Schließ ich dann morgen früh die neue Ehe?

No, no, this shall forbid it, lie thou there,
What if it be a poyson which the Frier
Subtilly hath ministred to haue me dead,
Least in this marriage he should be dishonourd,
Because he married me before to *Romeo*?
I feare it is, and yet me thinks it should not,
For he hath still bene tried a holy man.
How if when I am laid into the Tombe,
I wake before the time that *Romeo*
Come to redeeme me, theres a fearfull poynt:
Shall I not then be stiffled in the Vault?
To whose foule mouth no healthsome ayre breaths in,
And there die strangled ere my *Romeo* comes.
Or if I liue, is it not very like,
The horrible conceit of death and night,
Togither with the terror of the place,
As in a Vaulte, an auncient receptacle,
Where for this many hundred yeares the bones
Of all my buried auncestors are packt,
Where bloudie *Tybalt* yet but greene in earth,
Lies festring in his shroude, where as they say,
At some houres in the night, spirits resort:
Alack, alack, is it not like that I
So early waking, what with loathsome smels,
And shrikes like mandrakes torne out of the earth,
That liuing mortalls hearing them run mad:
O if I walke, shall I not be distraught,
Inuironed with all these hidious feares,
And madly play with my forefathers ioynts?
And pluck the mangled *Tybalt* from his shrowde,
And in this rage with some great kinsmans bone,

Nein, nein, du liegst hier und verhinderst das.
Was, wenn es ein Gift ist, das der Mönch
Mir listig angedient hat, mich zu töten
Damit nicht er, der mich schon Romeo traute
Durch diese zweite Trauung sich versündigt?
Das ängstigt mich, und doch will ichs nicht glauben
So oft wie er uns zeigte, daß ers gut meint.
Wie aber, wenn ich, in die Gruft gebettet
Erwache, eh mich Romeo erlöst
Das ist ein Punkt, der schreckt mich. Muß ich nicht
In dem Gewölb ersticken, dessen Rachen
Nie reine Luft geatmet hat und liege da
Bevor mein Romeo kommt und bin erwürgt?
Oder wenn ich lebe, kanns nicht sein
So sehr wie es vor Nacht und Tod mich graust
Zusammen mit den Schrecken dieses Orts
In dieser Gruft, dem alten Erbbegräbnis
Vollgepackt seit vielen hundert Jahren
Mit den Gerippen meiner toten Ahnen
Wo Tybalt blutig als der Neuankömmling
In seinem Leichtuch fault, wo, wie sie sagen
Um Mitternacht die Geister auferstehn:
Ich Ärmste, kann es da nicht sein, daß ich
Zu früh erwacht in widerlichen Dünsten
Und Schreien wie Alraunen die man ausreißt
Wovon, wer lebt und hört es, irre wird
O, wach ich da auf, um den Verstand komm
Umringt von all den Grauenhaftigkeiten
Und wie eine Blöde mir Gelenke
Meiner Vorväter zum Spielen greife
Aus seinem Leichtuch den durchstochnen Tybalt
Zerre und in meinem Wahnsinn mir

As with a club dash out my desprate braines.
O looke, me thinks I see my Cozins Ghost,
Seeking out *Romeo* that did spit his body
Vpon a Rapiers poynt: stay *Tybalt*, stay?
Romeo, Romeo, Romeo, heeres drinke, I drinke to thee.

Enter Lady of the house and Nurse.

La. Hold take these keies & fetch more spices Nurse.
Nur. They call for dates and quinces in the Pastrie.

Enter old Capulet.

Ca. Come, stir, stir, stir, the second Cock hath crowed.
The Curphew bell hath roong, tis three a clock:
Looke to the bakte meates, good *Angelica,*
Spare not for cost.
Nur. Go you cot-queane go,
Get you to bed, faith youle be sicke tomorrow
For this nights watching.
Ca. No not a whit, what I haue watcht ere now,
All night for lesser cause, and nere bene sicke.
La. I you haue bene a mouse-hunt in your time,
But I will watch you from such watching now.
Exit Lady and Nurse.
Ca. A iealous hood, a iealous hood, now fellow, what is there?

*Enter three or foure with spits and logs,
and Baskets.*

Mit irgendeinem Riesenschenkelknochen
Eines Urahns wie mit einer Keule
Das närrische Gehirn ausschlage? O
Sieh, mir ist, als säh ich meinen Vetter
Als Geist, wie er nach Romeo sucht, der ihm
Den Leib auf eines Degens Spitze steckte:
Halt, Tybalt, halt! Romeo, Romeo, Romeo
Hier ist ein Trank! Ich trinke ihn auf dich.

IV,4

LADY CAPULET Hier, nimm die Schlüssel, hol Gewürze,
                                                    Amme.
AMME Datteln brauchts und Quitten für die Kuchen.

CAPULET Kommt, macht, macht, macht. Der zweite Hahn
    Die Morgenglocke schlug, es ist drei Uhr: [schrie schon
    Seht nach den Braten, schönste Engelsdame
    Scheut keine Kosten.
AMME   Geht, Topfgucker, geht
    Legt Euch ins Bett. Und macht mir morgen ja nicht
    Schlapp nach der durchwachten Nacht.
CAPULET Ach was! Wie? Hab schön öfter durchgemacht
    Aus schlechtern Gründen, aber schlapp noch nie.
LADY CAPULET Ja, Ihr wart mir ein rechter Mausekater
    Doch nun halt ich, wenn Ihr wach seid, Wache.

CAPULET Ist sie nicht eifersüchtig, liebt sie nicht.
    Was willst du damit, Bursche?

Fel. Things for the Cooke sir, but I know not what.
Ca. Make haste, make haste sirra, fetch drier logs.
   Call *Peter,* he will shew thee where they are.
Fel. I haue a head sir, that will find out logs,
   And neuer trouble *Peter* for the matter.
Ca. Masse and well said, a merrie horson, ha,
   Twou shalt be loggerhead, good father tis day.
             Play Musicke.
   The Countie will be here with musicke straight,
   For so he said he would, I heare him neare.
   Nurse, wife, what ho, what Nurse I say?
             Enter Nurse.
   Go waken *Iuliet,* go and trim her vp,
   Ile go and chat with *Paris,* hie, make haste,   [I say.
   Make hast, the bridgroome, he is come already, make hast

Nur. Mistris, what mistris, Iuliet, fast I warrant her she,
   Why Lambe, why Lady, fie you sluggabed,
   Why Loue I say, Madam, sweete heart, why Bride:
   What not a word, you take your penniworths now,
   Sleepe for a weeke, for the next night I warrant
   The Countie *Paris* hath set vp his rest,
   That you shall rest but little, God forgiue me.
   Marrie and Amen: how sound is she a sleepe:
   I needs must wake her: Madam, Madam, Madam,
   I, let the Countie take you in your bed,
   Heele fright you vp yfaith, will it not be?
   What drest, and in your clothes, and downe againe?

   I must needs wake you, Lady, Lady, Lady.

DIENER 1 Für den Koch, Sir
  Weiß nicht, für was.
CAPULET Na, dann lauf zu, lauf zu!
  Hol trocknes Holz, Kerl, Peter sagt dir wo.
DIENER 2 Ich hab 'nen Kopf, Sir, der auf Holz geeicht ist
  Und keinen Peter braucht, um es zu finden.
CAPULET Witzig, ein Hurensohn von einem Scherzkeks
  Du bist der Oberholzkopf. Gott, es tagt!
  Gleich kommt der Graf mit seinen Musikanten
  Zumindest sagte ers. Da hör ich ihn!
  Amme! Frau! He, ihr da! Amme, sag ich!
  Geh Julia wecken, lauf und mach sie fein.
  Ich halte Paris auf. Nun los, mach hin
  Mach hin, der Hochzeiter, er ist schon da!
  Mach hin, sag ich.

IV,5

AMME Fräuleinchen, hallo, Fräulein! Weg, kein Wunder.
  Mein Lämmchen, aufgewacht. Mylady! Pfui
  Du Schlafmütze! Mein Liebling, hörst du? Madam!
  Sweetheart! Fräulein Braut! Kein Mucks? Ihr legt
  Wohl Vorrat an, für eine Woche Schlaf
  Und nächste Nacht, denn der Graf Paris opfert
  Das garantiere ich Euch, seine Ruhe
  Damit Ihr keine Ruhe kriegt. Vergib mir
  Herr und Deckel drauf und Amen. Was sie
  Tief schläft! Ich muß sie wach bekommen: Madam!
  Madam, Madam! Wollt Ihr, daß der Graf
  Euch aus dem Bett aufjagt? Will es nicht werden?
  Wie, schon angezogen und dann wieder hin-
  Gelegt? Jetzt aber hoch mit Euch hier, Lady.

Alas, alas, helpe, helpe, my Ladyes dead.
Oh wereaday that euer I was borne,
Some Aqua-vitæ ho, my Lord my Lady.

Mo. What noise is here?
Nur. O lamentable day.
Mo. What is the matter?
Nur. Looke, looke, oh heauie day!
Mo. O me, O me, my child, my onely life.
Reuiue, looke vp, or I will die with thee:
Helpe, helpe, call helpe.
Enter Father.
Fa. For shame bring *Iuliet* forth, her Lord is come.
Nur. Shees dead: deceast, shees dead, alack the day.
M. Alack the day, shees dead, shees dead, shees dead.
Fa. Hah let me see her, out alas shees cold,
Her bloud is setled, and her ioynts are stiffe:
Life and these lips haue long bene separated,
Death lies on her like an vntimely frost,
Vpon the sweetest flower of all the field.
Nur. O lamentable day!
Mo. O wofull time!
Fa. Death that hath tane her hence to make me waile
Ties vp my tongue and will not let me speake.
Enter Frier and the Countie.
Fri. Come, is the Bride ready to go to Church?
Fa. Ready to go but neuer to returne.
O sonne, the night before thy wedding day
Hath death laine with thy wife, there she lies,
Flower as she was, deflowred by him,
Death is my sonne in law, death is my heire,
My daughter he hath wedded. I will die,

Lady? Lady? Ach, ach! Zu Hilfe! Hilfe!
Das Kind ist tot! O, warum wurde ich
Geboren! Schafft mir Branntwein, schnell.
Mylord! Mylady!
LADY CAPULET   Was denn für ein Lärm?
AMME O Unglückstag!
LADY CAPULET   Was ist denn nur geschehn?
AMME Seht, seht! O schwarzer Tag!
LADY CAPULET   O nein, o nein
Mein Kind, mein einzig Leben, komm zurück!
Erwache, schlag die Augen auf, sonst sterbe
Ich mit dir: zu Hilfe! Hilfe! Hol doch Hilfe!
CAPULET Zum Kreuz, schafft Julia her, ihr Mann ist da.
AMME Sie's tot, gestorben, tot! O Unheilstag!
LADY CAPULET O Unheilstag! Sie's tot, sie's tot, sie's tot.
CAPULET Ha, laßt sie mich sehen: aus. Sie's kalt.
Ihr Blut geronnen und ihr Körper starr
Das Leben nahm von diesen Lippen Abschied
Der Tod liegt auf ihr wie ein Frost zur Unzeit
Auf der schönsten aller Wiesenblumen.
AMME O trauervoller Tag!
LADY CAPULET   O Zeit des Leids!
CAPULET Der Tod, der sie, damit ich klage, nahm
Lähmt mir die Zunge und will mich nicht hören.

LORENZ Nun, ist die Braut bereit für ihren Kirchgang?
CAPULET Bereit, doch nicht dafür, zurückzukehren.
O Sohn, die Nacht vor deinem Hochzeitstag
Hat der Tod bei deiner Frau verbracht:
Da liegt die Unschuld, die er ihr genommen.
Mein Eidam ist der Tod, der Tod mein Erbe
Er freite meine Tochter, ich will sterben

    And leaue him all life liuing, all is deaths.
Par. Haue I thought loue to see this mornings face,
    And doth it giue me such a sight as this?
Mo. Accurst, vnhappie, wretched hatefull day,
    Most miserable houre that ere time saw,
    In lasting labour of his Pilgrimage,
    But one poore one, one poore and louing child,
    But one thing to reioyce and solace in,
    And cruell death hath catcht it from my sight.
Nur. O wo, O wofull, wofull, wofull day,
    Most lamentable day, most wofull day
    That euer, euer, I did yet bedold.
    O day, O day, O day, O hatefull day,
    Neuer was seene so blacke a day as this,
    O wofull day, O wofull day.
Par. Beguild, diuorced, wronged, spighted, slaine,
    Most detestable death, by thee beguild,
    By cruell, cruell, thee quite ouerthrowne,
    O loue, O life, not life, but loue in death.
Fat. Despisde, distressed, hated, martird, kild,
    Vncomfortable time, why camst thou now,
    To murther, murther, our solemnitie?
    O childe, O childe, my soule and not my childe,
    Dead art thou, alacke my child is dead,
    And with my child my ioyes are buried.
Fri. Peace ho for shame, confusions care liues not,
    In these confusions heauen and your selfe
    Had part in this faire maide, now heauen hath all,
    And all the better is it for the maid:
    Your part in her, you could not keepe from death.
    But heauen keepes his part in eternall life,
    The most you sought was her promotion,

Und lasse alles ihm: meins ist jetzt seines.
PARIS Lang will ich diesem Tag schon ins Gesicht sehn
Und nun ist dies der Anblick, den er bietet?
LADY CAPULET Verfluchter, schlimmer, ganz verhaßter Tag
Schwärzeste Stunde unsrer Pilgerschaft
Und ihrer mühevollen Plackerei!
Das eine, arme, arme liebe Kind
Das eine Ding der Freude und des Trostes
Das reißt der grause Tod mir aus den Augen.
AMME O Jammer, o du Jammer-, Jammer, Jammer-
Tag! Du Trauertag, du Jammertag
Du schlimmster meines Lebens! O du Tag!
Du Tag, du Tag, du Tag, verhaßter Tag!
Kein Tag war schwärzer als hier dieser.
O Jammertag, o Jammertag!
PARIS Getäuscht, getrennt, gekränkt, beraubt, erschlagen!
Ekelhafter Tod, von dir betrogen
Von deinem harten, harten Sein bezwungen:
Das Leben aus und Liebe nur zum Toten.
CAPULET Verschmäht, verfolgt, verhaßt, gequält, getötet!
Und mordest, mordest unser Freudenfest?
O Kind, o Kind, du meine Seele, nicht
Mein Kind, bist tot, achweh, mein Kind ist tot
Und nimmt all meine Freude mit ins Grab.

LORENZ Still jetzt, haltet an euch. Die Verwirrung
Wird durch Verwirrung nicht geheilt. Ihr teiltet
Diese schöne Maid euch mit dem Himmel
Nun hat er sie ganz, und um so besser
Steht es für sie. Ihr konntet euren Teil nicht
Vor dem Tod bewahren, doch der Himmel
Bewahrt den seinen für ein ewigs Leben.

For twas your heauen she should be aduanst,
And weepe ye now, seeing she is aduanst
Aboue the Cloudes, as high as heauen it selfe.
O in this loue, you loue your child so ill,
That you run mad, seeing that she is well:
Shees not well married, that liues married long,
But shees best married, that dies married young.
Drie vp your teares, and stick your Rosemarie
On this faire Coarse, and as the custome is,
And in her best array beare her to Church:
For though some nature bids vs all lament,
Yet natures teares are reasons merriment.

Fa. All things that we ordained festiuall,
Turne from their office to black Funerall:
Our instruments to melancholy bells,
Our wedding cheare to a sad buriall feast:
Our solemne himnes to sullen dyrges change:
Our Bridall flowers serue for a buried Coarse:
And all things change them to the contrarie.

Fri. Sir go you in, and Madam go with him,
And go sir *Paris,* euery one prepare
To follow this faire Coarse vnto her graue:
The heauens do lowre vpon you for some ill:
Moue them no more, by crossing their high wil.

Fxeunt manet.

Musi. Faith we may put vp our pipes and be gone.

Nur. Honest good fellowes, ah put vp, put vp,
For well you know, this is a pitifull case.
Fid. I my my troath, the case may be amended.

Exit omnes.

's war euer Himmel, hoch sie zu erheben
Und nun, da sie erhoben ward, und höher
Als die Wolken, in den Himmel selbst
Da weint ihr? O, liebt ihr dies Kind so schlecht
Daß, ist sie glücklich, ihr von Unheil sprecht?
Nicht glücklich macht ein langes Eheleben
Kurz muß es sein und dann zum Himmel streben.
Wischt die Tränen ab, streut Rosmarin
Auf diesen schönen Leichnam, folgt dem Brauch
Ihn fein gekleidet in die Gruft zu betten.
Will die Natur auch, daß wir lamentieren
Vernunft kann unser Schmerz nur amüsieren.

CAPULET Was immer wir zur Hochzeit hergerichtet
Dient nunmehr einer düstren Trauerfeier
Die Instrumente werden Totenglocken
Das Hochzeitsessen wird ein Leichenschmaus
Die frohen Hymnen werden Grabgesänge
Das Brautgebinde schmückt die Totenbahre
Und jedes Ding, es wird sein Gegenteil.

LORENZ Sir, macht euch bereit, und Madam, folgt ihm
Auch Ihr, Sir Paris. Alle andern auch:
Bereitet euch, der schönen Toten still
Zu ihrer Gruft zu folgen. Finster blicken
Die Himmel auf euch eines Übels wegen
Wollt ihren Zorn nicht weiter noch erregen.

MUSIKER 1 Na toll, wir dürfen die Flöten einpacken und uns verpfeifen.

AMME Ach ja, liebe Leute, packt ein, packt ein: ihr seht ja die traurige Kiste hier.

MUSIKER 1 Na ja, die Kiste läßt sich wieder flicken.

Enter Will Kemp.

Peter. Musitions, oh Musitions, harts ease, harts ease,
  O, and you will haue me liue, play harts ease.

Fidler. Why harts ease?
Peter. O Musitions, because my hart it selfe plaies my hart is
  O play me some merie dump to comfort me.   [full:

Minstrels. Not a dump we, tis no time to play now.

Peter. You will not then?
Minst. No.
Peter. I will then giue it you soundly.
Minst. What will you giue vs?
Peter. No money on my faith, but the gleeke.
  I will giue you the Minstrell.
Minstrel. Then will I giue you the Seruing-creature.
Peter. Then will I lay the seruing-creatures dagger on your
  I will cary no Crochets, ile re you, Ile fa   [pate.
  You, do you note me?

Minst. And you re vs, and fa vs, you note vs.
2. M. Pray you put vp your dagger, and put out your wit.
  Then haue at you with my wit.
Peter. I will dry-beate you with an yron wit, and put vp my
  Answere me like men.   [yron dagger.

When griping griefes the hart doth wound, then musique
with her siluer sound.

Why siluer sound, why musique, with her siluer sound,
what say you Simon Catling?

PETER Musizionäre, o ihr von der Musenkante, Frohen Herzens, Frohen Herzens, o, soll ich überleben, spielt Frohen Herzens.
MUSIKER 1 Wieso Frohen Herzens?
PETER O Musizionäre, weil, mein Herz, mein eignes, spielt Schweren Herzens. O spielt mir einen lustigen Blues, zu meiner Aufheiterung.
MUSIKER 1 Lustigen Blues auch keinen, wir nicht, nicht jetzt.
PETER Ihr wollt also nicht?
MUSIKER 1 Nein.
PETER Dann kriegt ihr was auf die Ohren.
MUSIKER 1 Was kriegen wir?
PETER Geld schon mal gar nicht, aber dafür was auf den Kopf. Ich sag Arschgeigen zu euch.
MUSIKER Dann sagen wir zu Euch Dienstmäuschen.
PETER Wartet nur, bis das Dienstmäuschen seinen Säbel zieht und euch die Schädelfuge kontrapunktiert. Ich schubse euch von der Tonleiter, und zwar nach Noten, ich do-re-mi-fa-so-le euch, hört ihr?
MUSIKER 1 Wenn Ihr uns doremifasohlt, hört Ihr uns.
MUSIKER 2 Bitte laßt den Säbel stecken und bleibt lieber witzig.
PETER Gut, dann stecke ich den scharfen Säbel weg und greife zum scharfen Witz. Wenn ihr Männer seid, antwortet.
Wenn grimmer Gram ins Herz uns drang
Und trübe Trauer uns umtost
Schenkt uns Musik mit Silberklang –
Wieso Silberklang? Wieso Musik mit Silberklang? Was sagt Ihr, Simon Katzendarm?

Minst. Mary sir, because siluer hath a sweet sound.

Peter. Prates, what say you Hugh Rebick?
3. M. I say siluer sound, because Musitions sound for siluer.
Peter. Prates to, what say you Iames sound post?
3. M. Faith I know not what to say.
Peter. O I cry you mercy, you are the singer.
    I will say for you, it is musique with her siluer sound,
    Because Musitions haue no gold for sounding:
    Then Musique with her siluer sound with speedy help
    doth lend redresse.

Exit.

Min. What a pestilent knaue is this same?
M. 2 Hang him Iack, come weele in here, tarrie for the
    mourners, and stay dinner.

Exit.

Enter Romeo.

Ro. If I may trust the flattering truth of sleepe,
    My dreames presage some ioyfull newes at hand,
    My bosomes L. sits lightly in his throne:
    And all this day an vnaccustomd spirit,
    Lifts me aboue the ground with chearfull thoughts,
    I dreamt my Lady came and found me dead,
    Strange dreame that giues a deadman leaue to thinke,
    And Breathd such life with kisses in my lips,
    That I reuiude and was an Emperor.
    Ah me, how sweete is loue it selfe possest
    When but loues shadowes are so rich in ioy.

MUSIKER 1 Klar, Sir, weil das Silber einen hübschen Klang hat.
PETER Bravo! Was sagt Ihr, Hugo Saitenzupfer?
MUSIKER 2 Auch Bravo! Und Ihr, Johann Bassbalken?

MUSIKER 3 Äh, ich weiß nicht, was ich sagen soll.
PETER Ich bitte tausendmal um Vergebung, du bist ja auch bloder Sänger. Ich sags für dich: es heißt Musik mit Silberklang weil du kein Goldkehlchen hast.
Schenkt uns Musik mit Silberklang
Im Handumdrehen neuen Trost.

MUSIKER 1 Was ein Pestilenzkerl das ist!
MUSIKER 2 Hängt den Hund! Kommt, wir gehen rein, warten auf die Trauergäste und bleiben zum Leichenschmaus.

V,1

ROMEO Trügt mich das schmeichlerische Traumbild nicht
Verkündet es mir freudevolle Nachricht
Die Herrin meiner Brust thront leicht in mir
Und all den Tag lang hebt ein frischer Geist
Mit fröhlichen Gedanken mich vom Boden.
Mir träumte, meine Lady kam und fand
Mich tot (seltsamer Traum, der einem Toten
Die Sinne läßt) und atmete mit Küssen
Solches Leben mir auf meine Lippen
Daß ich erstand und Kaiser ward. Ach, glücklich
Wer erst die Liebe selbst besitzt, wenn ihm
Ihr Schatten schon so reiche Freude birgt.

Enter Romeos man.

Newes from *Verona,* how now *Balthazer,*
Dost thou not bring me Letters from the Frier?
How doth my Lady, is my Father well:
How doth my Lady *Iuliet*? that I aske againe,
For nothing can be ill if she be well.

Man. Then she is well and nothing can be ill,
Her body sleepes in *Capels* monument,
And her immortall part with Angels liues.
I saw her laid lowe in her kindreds vault,
And presently tooke poste to tell it you:
O pardon me for bringing these ill newes,
Since you did leaue it for my office sir.

Rom. Is it in so? then I defie you starres.
Thou knowest my lodging, get me inke and paper,
And hire post horses, I will hence tonight.

Man. I do beseech you sir, haue patience:
Your lookes are pale and wilde, and do import
Some misaduenture.

Ro. Tush thou art deceiu'd,
Leaue me, and do the thing I bid thee do.
Hast thou no Letters to me from the Frier?

Man. No my good Lord.

Exit.

Ro. No matter get thee gone,
And hyre those horses, Ile be with thee straight.
Well *Iuliet,* I will lie with thee to night:
Lets see for meanes, O mischiefe thou art swift,
To enter in the thoughts of desperate men.
I do remember an Appothacarie,
And here abouts a dwells which late I noted,
In tattred weeds with ouerwhelming browes,

Aus Verona! Balthasar, was gibt es?
Bringst du vom Mönch mir keine Briefe mit?
Wie geht es meiner Frau? Und meinem Vater?
Wie geht es Julia? Das frag ich zweimal
Denn nichts geht schlecht, solang es ihr nur gut geht.
BALTHASAR Dann geht es ihr jetzt gut und nichts geht
Ihr Leichnam schläft im Grab der Capulets [schlecht
Und ihr Unsterbliches lebt bei den Engeln.
Zur Gruft der Ahnen trug man sie, das sah ich
Und warf mich auf ein Pferd, es euch zu melden.
O, verzeiht dem Bringer schlechter Nachricht:
Ihr selbst habt mich damit beauftragt, Sir.
ROMEO So, so. Ich nehm die Fordrung an, ihr Sterne.
Schaff mir Papier und Tinte auf mein Zimmer
Und miete frische Pferde. Ich will heim.
BALTHASAR Ich bitte herzlich Euch, Sir, wartet noch:
Blaß seht Ihr aus und eure Blicke künden
Nichts Gutes.
ROMEO   Halt den Mund, du irrst dich
Laß mich allein und tu, was man dir aufträgt.
Von dem Mönch hast du nichts Schriftliches?
BALTHASAR Nein, Herr.

ROMEO   Auch egal. Setz dich in Marsch
Besorg uns Pferde und dann komm zu mir.
Schön, Julia, heut Nacht leg ich mich zu dir
Laß sehen, wie. O Unheil, wie geschwind du
Den Schädel der Verzweifelten betrittst:
Sofort fällt mir ein Apotheker ein
Der hier herum wohnt und mir unlängst auffiel:
Zerschlissner Kittel, Brauen überhängend

Culling of simples, meager were his lookes,
Sharpe miserie had worne him to the bones:
And in his needie shop a tortoyes hung,
An allegater stuft, and other skins
Of ill shapte fishes, and about his shelues,
A beggerly account of emptie boxes,
Greene earthen pots, bladders and mustie seedes,
Remnants of packthred, and old cakes of Roses
Were thinly scattered, to make vp a shew.
Noting this penury, to my selfe I said,
An if a man did need a poyson now,
Whose sale is present death in *Mantua,*
Here liues a Catiffe wretch would sell it him.
O this same thought did but forerun my need,
And this same needie man must sell it me.
As I remember this should be the house,
Being holy day, the beggers shop is shut.
What ho Appothecarie.

Appo. Who calls so lowd?
Rom. Come hither man, I see that thou art poore.
   Hold, there is fortie duckets, let me haue
   A dram of poyson, such soone speeding geare,
   As will dispearse it selfe through all the veines,
   That the life-wearie-taker may fall dead,
   And that the Trunke may be dischargd of breath,
   As violently, as hastie powder fierd
   Doth hurry from the fatall Canons wombe.

Poti. Such mortall drugs I haue, but *Mantuas* lawe
   Is death to any he that vtters them.
Ro. Art thou so bare and full of wretchednesse,

Mit hohlen Blicken Kräuterpflanzen musternd
Bis zu den Knochen abgezehrt von Armut
In seinem armseligen Laden baumelt
Ein Schildkrötpanzer, ein mit Stroh gestopftes
Krokodil und auch manch präparierter
Unförmiger Fisch, und auf den Borden
Da paradiert ein Sammelsurium
Von leeren Schachteln, Töpfen voller Grünzeug
Glaskolben, faulen Körnern, Resten Schnur
Und Kuchen aus gepreßten Rosenblüten.
Dies Elend sah ich und ich dachte mir:
Hat wer in Mantua Bedarf an Gift
Hier haust, droht dem Händler auch der Galgen
Ein armer Schlucker, der den Handel wagt:
O, der im Bedarfsfall war ich selber
Und der Bedürftige, ders wagt, ist er.
Ich meine, dieses war das Haus. 's ist zu
's ist Feiertag, da schließen selbst die Bettler.
He, Apotheker!
APOTHEKER   Wer ruft da so laut?
ROMEO Komm her, Mann. Daß du arm bist, weiß ich. Hier
Sind viermal zehn Dukaten. Die bekommst du
Gibst du mir dafür ein Tröpfchen Gift
Eins von der schnellen Art, das, kaum geschluckt
In Windeseile durch die Adern zieht
Und macht, daß der des Lebens müde Trinker
Tot umfällt und der Brust der letzte Seufzer
So heftig sich entringt, wie ein Schuß Pulver
Der tödlichen Kanone aus dem Maul fährt.
APOTHEKER So Stoffe führe ich. Tödlich ist nur
Auch Mantuas Gesetz: dem, der sie abgibt.
ROMEO So entblößt und elend wie du bist

And fearest to die, famine is in thy cheekes,
Need and oppression starueth in thy eyes,
Contempt and beggerie hangs vpon thy backe:
The world is not thy friend, nor the worlds law,
The world affoords no law to make thee rich:
Then be not poore, but breake it and take this.

Poti. My pouertie, but not my will consents.
Ro. I pay thy pouertie and not thy will.
Poti. Put this in any liquid thing you will
   And drinke it off, and if you had the strength
   Of twentie men, it would dispatch you straight.
Ro. There is thy Gold, worse poyson to mens soules,
   Doing more murther in this loathsome world,
   Then these poore conpounds that thou maiest not sell,
   I sell thee poyson, thou hast sold me none,
   Farewell, buy foode, and get thy selfe in flesh.
   Come Cordiall and not poyson, go with me
   To *Iuliets* graue, for there must I vse thee.

                                                   Exeunt.

                    Enter Frier Iohn.

Ioh. Holy *Franciscan* Frier, brother, ho.
                Enter Lawrence.
Law. This same should be the voyce of Frier *Iohn,*
   Welcome from *Mantua,* what sayes *Romeo*?
   Or if his minde be writ, giue me his Letter.
Ioh. Going to find a barefoote brother out,

Kannst du den Tod noch fürchten? Hunger grub
In deine Wangen sich, aus deinen Augen
Starren Not und Unterdrückung
Die Selbstverleugnung sitzt mitsamt dem Mangel
Dir im Nacken, diese Welt ist dir
Nicht gut gesonnen, auch nicht ihr Gesetz
Das dir nicht gestattet, reich zu werden:
Darum sei stark und brich es und nimm das hier.
APOTHEKER Meine Armut beugt sich, nicht mein Wille.
ROMEO Der Armut sprach ich zu und nicht dem Willen.
APOTHEKER Mischt das mit welcher Flüssigkeit auch immer
   Und trinkt aus, und hättet Ihr die Kraft
   Von zwanzig Männern, Ihr seid hin, sogleich.
ROMEO Da ist dein Gold, ein weitaus schlimmres Gift
   Den Menschenseelen, weit mehr Mord anstiftend
   In dieser widerlichen Welt als dein Gebräu
   Das zu verkaufen dir verboten ist.
   Ich verkaufe dir Gift, nicht du mir.
   Leb wohl, leb gut, sieh, daß du Fleisch ansetzt.
   Komm, Stärkung und kein Gift, begleite mich
   Zu Julias Grabstatt, denn dort brauch ich dich.

V,2

JOHANNES Mein frommer Franziskanerbruder! Hallo!

LORENZ Bruder Johannes' Stimme! Sei willkommen
   Aus Mantua. Was sagt Romeo? Oder, falls ers
   Mir aufgeschrieben hat, gebt mir den Brief.
JOHANNES Ich ging hier einen Ordensbruder suchen

    One of our order to assotiate me,
    Here in this Citie visiting the sicke,
    And finding him, the Searchers of the Towne
    Suspecting that we both were in a house,
    Where the infectious pestilence did raigne,
    Seald vp the doores, and would not let vs forth,
    So that my speed to *Mantua* there was staid.
Law. Who bare my Letter then to *Romeo*?
Iohn. I could not send it, here it is againe,
    Nor get a messenger to bring it thee,
    So fearefull were they of infection.
Law. Vnhappie fortune, by my Brotherhood,
    The Letter was not nice but full of charge,
    Of deare import, and the neglecting it,
    May do much danger: Frier *Iohn* go hence,
    Get me an Iron Crow and bring it straight
    Vnto my Cell.
Iohn. Brother ile go and bring it thee.   *Exit.*
Law. Now must I to the Monument alone,
    Within this three houres will faire *Iuliet* wake,
    Shee will beshrewe me much that *Romeo*
    Hath had no notice of these accidents:
    But I will write againe to *Mantua,*
    And keepe her at my Cell till *Romeo* come,
    Poore liuing Coarse, closde in a dead mans Tombe.
                                                     Exit.

                    Enter Paris *and his Page.*

Par. Giue me thy Torch boy, hence and stand aloofe,

Mich zu vertreten bei den Pestvisiten
Und kaum daß ich ihn fand, als schon Beamte
Der Stadt, im Glauben, just das Haus
In dem wir uns getroffen hatten, sei
Von der Pest befallen, alle Türen
Versiegelten und uns hinaus nicht ließen.
So bin ich nicht nach Mantua gekommen.
LORENZ Wer denn trug meinen Brief zu Romeo?
JOHANNES Ich war verhindert, hier hast du ihn wieder.
Nein, auch kein Bote durfte ihn dir bringen
So groß war ihre Angst vor Ansteckung.
LORENZ Was für ein böser Zufall: dieser Brief
Bei unserm Orden, war von Wichtigkeit
Und daß er nicht ankam, zeugt Gefahr.
Bruder, lauf, greif dir ein Nageleisen
Und bring es her.

JOHANNES   Ich bin schon unterwegs.
LORENZ Nun muß ich ohne ihn die Gruft aufbrechen.
Drei Stunden noch und Julia wird wach:
Daß Romeo von alledem nichts weiß
Wird sie mir übel nehmen, doch ich schreibe
Erneut nach Mantua, und sie versteck ich
In meiner Zelle bis er eintrifft. Armes Kind!
Ein Leichnam, lebend, wo nur Tote sind.

V,3

PARIS Gib mir die Fackel, Junge, und halt Wache.

    Yet put it out, for I would not be seene:
    Vnder yond Ew-tree lay thee all along,
    Holding thy eare close to the hollow ground,
    So shall no foote vpon the Church-yard tread,
    Being loose, vnfirme with digging vp of Graues,
    But thou shalt heare it, whistle then to me
    As signall that thou hearest some thing approach,
    Giue me those flowers, do as I bid thee, go.
Pa. I am almost afraid to stand alone,
    Here in the Church-yard, yet I will aduenture.
Par. Sweet flower, with flowers thy Bridall bed I strew
    O woe, thy Canapie is dust and stones,
    Which with sweete water nightly I will dewe,
    Or wanting that, with teares distild by mones,
    The obsequies that I for thee will keepe:
    Nightly shall be, to strew thy graue and weepe.
                  Whistle Boy.
    The Boy giues warning, something doth approach,
    What cursed foote wanders this way to night,
    To crosse my obsequies and true loues right?
    What with a Torch? muffle me night a while.
        Enter Romeo *and* Balthasar, *with a torch,*
        a mattocke, and a crow of yron.
Ro. Giue me that mattocke and the wrenching Iron,
    Hold take this Letter, early in the morning
    See thou deliuer it to my Lord and Father,
    Giue me the light vpon thy life I charge thee,
    What ere thou hearest or seest, stand all aloofe,
    And do not interrupt me in my course.
    Why I descend into this bed of death,
    Is partly to behold my Ladies face:
    But chiefly to take thence from her dead finger,

Nein, nimm sie, mach sie aus, ich will nicht
Daß man mich sieht. Und du, du legst dich länglang
Unter die Bäume dort, das Ohr am Boden
So daß kein Fuß den grabdurchwühlten Kirchhof
Betreten kann, den du nicht hörst. Dann pfeifst du
Leise, mir zum Zeichen, jemand naht.
Gib mir die Blumen. Tu, wie ich dir sage.

PAGE Ich habe Angst, allein auf diesem Kirchhof
Mich zu verstecken, doch ich wage es.
PARIS Auf deinem Brautbett mögen Blumen blühen
Weh, sein Vorhang sind nur Staub und Steine
Duftwasser will ich nächtlich dir versprühen
Oder Seufzertränen, die ich weine:
So werde ich, allnächtlich dich zu grüßen
Dein Grab bestreun und Tränen hier vergießen.

Der Junge gibt das Zeichen, daß wer naht
Welch ein verfluchter Schritt läßt sich da hören
Meine Liebesandacht mir zu stören?
Auch eine Fackel? Nacht, verbirg mich ihm.

ROMEO Gib mir den Kuhfuß und die Hacke her
Heb diesen Brief auf, gleich am frühen Morgen
Stellst du ihn meinem Herrn und Vater zu.
Reich mir das Licht. Bei deinem Leben, gleich
Was du hörst und siehst, du hältst dich weg
Und kommst mir nicht dazwischen. Ich selbst muß
In dieses Totenbett hinunter, einmal
Um meine Frau ein letztes Mal zu sehen
Hauptsächlich aber, ihr vom toten Finger

A precious Ring: a Ring that I must vse,
In deare imployment, therefore hence be gone:
But if thou iealous dost returne to prie
In what I farther shall intend to doo,
By heauen I will teare thee Ioynt by Ioynt,
And strew this hungry Church-yard with thy lims:
The time and my intents are sauage wilde,
More fierce and more inexorable farre,
Then emptie Tygers, or the roaring sea.
Balt. I will be gone sir, and not trouble ye.
Ro. So shalt thou shew me friendshid, take thou that,
 Liue and be prosperous, and farewell good fellow.
Balt. For all this same, ile hide me here about,
 His lookes I feare, and his intents I doubt.
Ro. Thou detestable mawe, thou wombe of death,
 Gorg'd with the dearest morsell of the earth:
 Thus I enforce thy rotten Iawes to open,
 And in despight ile cram thee with more foode.
Pa. This is that banisht haughtie *Mountague,*
 That murdred my loues Cozin, with which greefe
 It is supposed the faire creature died,
 And here is come to do some villainous shame
 To the dead bodies: I will apprehend him,
 Stop thy vnhallowed toyle vile *Mountague:*
 Can vengeance be pursued further then death?
 Condemned villaine, I do apprehend thee,
 Obey and go with me, for thou must die.
Rom. I must indeed, and therefore came I hither,
 Good gentle youth tempt not a desprate man,
 Flie hence and leaue me, thinke vpon these gone,
 Let them affright thee. I beseech thee youth,
 Put not an other sin vpon my head,

Einen Ring zu ziehen, einen teuren
Auf den ich nicht verzichten kann und will.
Also, verschwinde. Laß dir ja nicht einfalln
Zurück zu kommen, um mir nachzuspähen
Oder, beim Himmel, ich zerreiße dich
Glied um Glied und füttre mit den Fetzen
Den Hunger dieses Kirchhofs hier. Der Zeitpunkt
Und mein Zustand sind gleich wüst, und wilder
Als leere Tigermägen oder Sturmflut.
BALTHASAR Ich gehe, Sir, und lasse Euch in Ruhe.
ROMEO So spricht ein wahrer Freund. Hier, nimm noch das.
Leb und werde glücklich und machs gut, Mann.
BALTHASAR Sein Blick macht Angst, er meint nicht, was er
Ihn so sich überlassen kann ich nicht.   [spricht:
ROMEO Du widerlicher Schlund, du Todesschoß
In dem mein liebster Erdenbissen steckt
Dir zwänge ich die faulen Kiefer auf
Und stopfe dich mit Fraß voll bis du platzt.
PARIS Der verbannte, eitle Montague
Er hat den Vetter meiner Braut ermordet
An dem Kummer starb sie, sagen alle
Jetzt kommt er und will ihre Leichen schänden
Den greif ich mir. Halt, Montague, du Hund
Laß sofort ab von deinem Teufelswerk
Kann Rache denn den Tod noch überrächen?
Ergib dich mir, verfemter Mörder, folg mir
Gehorche mir, denn sterben wirst du müssen.
ROMEO Das werde ich und darum kam ich her.
Mein Guter, ein Verzweifelter braucht Ruhe
Lauf weg und laß mich, mögen all die Toten
Hier dich warnen. Ich beknie dich, Jüngling
Mach mich nicht wild und lad mir noch ' ne Sünde

By vrging me to furie, ô be gone,
By heauen I loue thee better then my selfe,
For I come hither armde against myselfe:
Stay not, begone, liue, and hereafter say,
A mad mans mercie bid thee run away.
Par. I do defie thy coniurations,
And apprehend thee for a Fellon here.
Ro. Wilt thou prouoke me? then haue at thee boy.
Boy. O Lord they fight, I will go call the Watch.
Par. O I am slaine, if thou be mercifull,
Open the Tombe, lay me with *Iuliet.*
Rom. In faith I will, let me peruse this face,
Mercutios kinsman, Noble Countie *Paris,*
What said my man, when my betossed soule
Did not attend him as we rode? I thinke
He told me *Paris* should haue married *Iuliet,*
Said he not so? or did I dreame it so?
Or am I mad, hearing him talke of *Iuliet,*
To thinke it was so? O giue me thy hand,
One writ with me in sowre misfortunes booke,
Ile burie thee in a triumphant graue.

A Graue, O no. A Lanthorne slaughtred youth:
For here lies *Iuliet,* and her bewtie makes
This Vault a feasting presence full of light.
Death lie thou there by a dead man interd,
How oft when men are at the point of death,
Haue they bene merie? which their keepers call
A lightning before death? Oh how may I
Call this a lightning? O my Loue, my wife,
Death that hath suckt the honey of thy breath,
Hath had no power yet vpon thy bewtie:

Auf dieses Haupt. O, hau ganz einfach ab!
Mehr als mich selbst, der Himmel weiß es, lieb
Ich dich, denn meine Waffen gelten mir:
Steh nicht da, geh, und schrei auf allen Gassen
Ein irrer Mörder hätt dich laufen lassen.
PARIS Auf dein Beschwören gehe ich nicht ein
Und nehme dich für deinen Frevel fest.
ROMEO Du forderst mich heraus? Paß auf, mein Junge!
PAGE O Gott, ein Kampf! Ich lauf die Wache holen.
PARIS O, das traf. Kennst du Barmherzigkeit
Bette mich zu Julia in ihr Grab.
ROMEO Auch das. Nur zeig mir vorher dein Gesicht.
Mercutios Anverwandter, der Graf Paris.
Balthasar sprach auf dem Ritt von ihm
Und ich war zu erregt, um hinzuhören
Paris sollte Julia ehelichen
War es das? Hab ich das geträumt?
Oder greift, wenn ich von Julia höre
Mich Wahnsinn an und ich bild mir das ein?
O, deine Hand. Wir beide, du und ich
Wir sind ein Eintrag in dem Amtsregister
Des sauren Mißgeschicks. Ich bette prächtig dich
In dieses Grab – nein, dieses Licht, Erschlagner
Denn hier liegt Julia, und ihre Schönheit
Füllt diese Gruft mit feierlicher Helle
Und hier begräbt ein Toter seinen Toten.
Wurden Menschen nah am Tod nicht oft
Schon heiter? Wer sich damit auskennt
Nennt es Todeslicht. O, aber darf ich
Von Todeslicht hier sprechen? O Geliebte
Meine Frau, der Tod, der sich den Honig
Deines Atems sog, selbst er war machtlos

Thou art not conquerd, bewties ensigne yet
Is crymson in thy lips and in thy cheeks,
And deaths pale flag is not aduanced there.
Tybalt lyest thou there in thy bloudie sheet?
O what more fauour can I do to thee,
Then with that hand that cut thy youth in twaine,
To sunder his that was thine enemie?
Forgiue me Couzen. Ah deare *Iuliet*

Why art thou yet so faire? I will beleeue,
Shall I beleeue that vnsubstantiall death is amorous,
And that the leane abhorred monster keepes
Thee here in darke to be his parramour?
For feare of that I still will staie with thee,
And neuer from this palace of dym night
Depart againe, here, here, will I remaine,
With wormes that are thy Chamber-maides: O here
Will I set vp my euerlasting rest:
And shake the yoke of inauspicious starres,
From this world wearied flesh, eyes looke your last:
Armes take your last embrace: And lips, O you
The doores of breath, seale with a righteous kisse
A datelesse bargaine to ingrossing death:
Come bitter conduct, come vnsauoury guide,
Thou desperate Pilot, now at once run on
The dashing Rocks, thy seasick weary barke:
Heeres to my Loue. O true Appothecary:
Thy drugs are quicke. Thus with a kisse I die.

Vor deiner Schönheit: sie nahm er nicht ein.
Auf deinen Lippen, deinen Wangen flattern
Rot ihre Wimpel, aufgerichtet hat
Der bleiche Tod sein Banner da noch nicht.
Tybalt, in dem Tuch voll Blut, bist du das?
O, was kann ich mehr dir zu Gefallen
Tun, als mit der Hand, die dich abschnitt
Den brechen, der dein Feind war? O
Vergib mir, Vetter. Ach, geliebte Julia
Was bist du noch so schön? Soll ich denn glauben
Der Knochenmann verstünde sich auf Liebe
Und hielte dich, der grausig dürre Unhold
Im Finstern sich als seine Konkubine?
Das schreckt mich so, daß ich hier bei dir bleiben
Und diesen trüben nächtlichen Palast
Nie mehr verlassen will. Hier will ich wohnen
Hier, wo der Wurm als Kammerfrau dir dient
O, hier leg ich mich fern der Zeiten hin
Und werf von diesem weltenwunden Fleisch
Das Joch der Unheilssterne ab. Ihr Augen
Letztes Sehen, Arme, letztes Fassen
Und ihr, ihr Lippen, o ihr Lebenstüren
Besiegelt nach Gesetz und Recht per Kuß
Den Endvertrag mit dem Gewinner Tod.
Komm, arger Lotse, falscher Steuermann
Du irrer Kapitän, setz auf dein Riff
Den lecken, seerkrankten Kahn. Dies dir
Du meine Liebe. Bravo, Apotheker!
Dein Zeug wirkt schnell. Und noch ein Kuß. Und aus.

Entrer Frier with Lanthorne, Crowe,
and Spade.

Frier. S. Frances be my speede, how oft to night
    Haue my old feet stumbled at graues? Whoes there?
Man. Heeres one, a friend, and one that knowes you well.
Frier. Blisse be vpon you. Tell me good my friend
    What torch is yond that vainly lends his light
    To grubs and eyelesse sculles: as I discerne,
    It burneth in the *Capels* monument.   [loue.
Man. It doth so holy sir, and theres my maister, one that you

Frier. Who is it?
Man. Romeo.
Frier. How long hath he bin there?
Man. Full halfe an houre.
Frier. Go with me to the Vault.
Man. I dare not sir.
    My Master knowes not but I am gone hence,
    And fearefully did menace me with death
    If I did stay to looke on his entents.
Frier. Stay then ile go alone, feare comes vpon me.
    O much I feare some ill vnthriftie thing.
Man. As I did sleepe vnder this yong tree heere,
    I dreampt my maister and another fought,
    And that my maister slew him.
Frier. Romeo.
    Alack alack, what bloud is this which staines
    The stony entrance of the Sepulchre?
    What meane these maisterlesse and goarie swords

V,4

LORENZ Sankt Franziskus, leih mir Flügel! Daß mir
Die Gräberstolperei aufhört! Wer da?
BALTHASAR Ich, ein Freund, und einer der Euch kennt.
LORENZ Sei mir gesegnet! Sag mir, lieber Freund
Welch eine Fackel leuchtet dort vergeblich
Maden heim und augenlosen Schädeln?
Brennt sie im Monument der Capulets?
BALTHASAR Das tut sie, Sir, mein Herr hält sich dort auf
Der Euch lieb ist.
LORENZ   Wer denn?
BALTHASAR   Romeo.
LORENZ Wie lang ist er dort?
BALTHASAR   'ne gute halbe Stunde.
LORENZ Komm mit mir.
BALTHASAR   Nein, das wage ich nicht, Sir.
Mein Herr meint, ich bin längst nachhaus gegangen
Und hat mir gräßlich mit dem Tod gedroht
Wenn ich nachsehn komme, was er macht.
LORENZ Dann bleib, ich geh allein. Furcht überkommt mich.
O, ich ahne unglückliche Dinge.
BALTHASAR Mir ist, als wär ich unter diesem Bäumchen
Eingeschlafen und mir hat geträumt, mein Herr
Schlug einen Mann im Kampf tot.
LORENZ   Romeo!
Ach, wessen Blut befleckt die Marmorschwelle
Dieses Grabmals? Was bedeuten diese Waffen
Die herrenlos und rotverfärbt am Ort

>   To lie discolour'd by this place of peace?
>   *Romeo,* oh pale! who else, what *Paris* too?
>   And steept in bloud? ah what an vnkind hower
>   Is guiltie of this lamentable chance?
>   The Lady stirres.
> *Iuli.* O comfortable Frier, where is my Lord?
>   I do remember well where I should be:
>   And there I am, where is my *Romeo?*
> *Frier.* I heare some noyse Lady, come from that nest
>   Of death, contagion, and vnnaturall sleepe,
>   A greater power than we can contradict
>   Hath thwarted our intents, come, come away,
>   Thy husband in thy bosome there lies dead:
>   And *Paris* too, come ile dispose of thee,
>   Among a Sisterhood of holy Nunnes:
>   Stay not to question, for the watch is comming,
>   Come go good *Iuliet,* I dare no longer stay.
>
>   *Exit.*
>
> *Iuli.* Go get thee hence, for I will not away.
>   Whats heere? a cup closd in my true loues hand?
>   Poison I see hath bin his timelesse end:
>   O churle, drunke all, and left no friendly drop
>   To help me after, I will kisse thy lips,
>   Happlie some poyson yet doth hang on them,
>   To make me dye with a restoratiue.
>   Thy lips are warme.
>   *Enter Boy and Watch.*
> *Watch.* Leade boy, which way.
> *Iuli.* Yea noise? then ile be briefe. O happy dagger
>   This is thy sheath, there rust and let me dye.
>
> *Watchboy.* This is the place there where the torch doth burne.

Des Friedens liegen? Romeo! Wie blaß!
Wer noch? Wie, Paris auch? Und ganz in Blut?
Ah, wessen Übelwollen trägt die Schuld
An dem gehäuften Jammer hier? Sie rührt sich.

JULIA O Mönch, wie gut! Wo ist mein Mann? Ich weiß noch
Wo ich erwachen sollte, und da bin ich.
Wo ist mein Romeo.
LORENZ   Ich höre Lärm.
Lady, folgt mir fort von diesem Nistplatz
Des Tods, der Fäulnis und der Agonie
Eine Macht, mit der kein Handeln ist
Wirft, was wir planten, um. Kommt, kommt hier weg.
Der Herrscher deines Herzens liegt da tot
Und Paris auch. Komm nur, ich bringe dich
Bei unsern Ordensschwestern unter. Frag nichts
Komm, die Wache ist im Anmarsch. Komm schon
Julia, geh mit, ich darf nicht bleiben.
JULIA Dann geh, lauf zu, denn ich will hier nicht weg.
Was halten wir da fest, Geliebter? Gift
Ich seh schon, half ihm aus der Zeit. O
Du grober Kerl, trinkst alles, läßt mir keinen
Lieben Tropfen um dir nachzureisen?
Vielleicht liegt Gift dir auf den Lippen noch
Ich will sie küssen, um an dem zu sterben
Was mir gut tut. Warm sind deine Lippen!

WACHMANN 1 Mach schon, Junge. Wo entlang?
JULIA Lärm, er hatte recht. Jetzt heißt es eilen.
Mein Glücksdolch! Hier steck ich dich hin:
Da ruhst du jetzt und mich, mich läßt du sterben..
PAGE Hier ist es, wo die Fackel brennt.

Watch. The ground is bloudie, search about the Churchyard.
   Go some of you, who ere you find attach.
   Pittifull sight, heere lies the Countie slaine,
   And *Iuliet* bleeding, warme, and newlie dead:
   Who heere hath laine this two daies buried.
   Go tell the Prince, runne to the *Capulets,*
   Raise vp the *Mountagues,* some others search,
   We see the ground whereon these woes do lye,
   But the true ground of all these piteous woes
   We cannot without circumstance descry.
            Enter Romeos man.
Watch. Heres *Romeos* man, we found him in the Churchyard.

Chief. watch. Hold him in safetie till the Prince come hither.
            Enter Frier, and another Watchman.
3. *Watch.* Here is a Frier that trembles, sighes, and weepes,
   We tooke this Mattocke and this Spade from him,
   As he was comming from this Church-yards side.
Chiefwatch. A great suspition, stay the Frier too too.
            Enter the Prince.
Prin. What misaduenture is so early vp,
   That calls our person from our morning rest?
            Enter Capels.
Ca. What should it be that is so shrike abroad?
Wife. O the people in the street crie *Romeo,*
   Some *Iuliet,* and some *Paris,* and all runne
   With open outcry toward our Monument.
Pr. What feare is this which startles in your eares?
Watch. Soueraine, here lies the County *Paris* slain,
   And *Romeo* dead, and *Iuliet* dead before,
   Warme and new kild.
Prin. Search, seeke & know how this foule murder comes.

WACHMANN 1 Blut am Boden. Sucht den Kirchhof ab
Und ganz gleich wen ihr findet, nehmt ihn fest.
Ein schlimmer Anblick. Hier der Graf, erschlagen
Und Julia blutend, warm, wie frisch gestorben
Die schon zwei Tage hier begraben liegt.
Lauft zum Fürsten, sagts den Capulets
Weckt Montague auf. Alle andern suchen.
Wir sehen, hier ging einiges zugrund
Den Grund jedoch für dies Zugrundegehen
Sind wir noch nicht imstande zu benennen.

WACHMANN 2 Das hier ist Romeos Mann. War auf dem Kirchhof.
WACHMANN 1 Bis hier der Fürst erscheint, bewacht ihn gut.

WACHMANN 3 Die Kutte zittert, seufzt, weint dicke Tränen
Kam aus dieser Richtung und trug hier
Das Nageleisen und den Spaten bei sich.
WACHMANN 1 Sehr verdächtig. Haltet ihn mir auch fest.

FÜRST Welch ein Verhängnis ist so früh schon rege
Und holt Uns aus dem morgendlichen Frieden?

CAPULET Was ist geschehn, daß alle Welt so schreit?
LADY CAPULET Die Menschen rufen Romeo und Julia!
Und Paris! Paris! und sie alle strömen
In Richtung unsres Familiengrabes.
FÜRST Wo ist, was Euch das Ohr in Furcht betäubt?
WACHMANN 1 Hoheit, hier, Graf Paris, totgeschlagen
Und Romeo, tot, und Julia, tot vorher
Und jetzt noch warm und eben erst getötet.
FÜRST Ein Dreifachmord. Und niemand weiß, warum?

Wat. Here is a Frier, and Slaughter *Romeos* man,
   With Instruments vpon them, fit to open
   These dead mens Tombes.
      Enter Capulet and his wife.
Ca. O heauens! O wife looke how our daughter bleeds!
   This dagger hath mistane, for loe his house
   Is emptie on the back of *Mountague,*
   And it missheathd in my daughters bosome.
Wife. O me, this sight of death, is as a Bell
   That warnes my old age to a sepulcher.
      Enter Mountague.
Prin. Come *Mountague,* for thou art early vp
   To see thy sonne and heire, now early downe.
Moun. Alas my liege, my wife is dead to night,
   Griefe of my sonnes exile hath stopt her breath.
   What further woe conspires against mine age?
Prin. Looke and thou shalt see.
Moun. O thou vntaught, what maners is in this,
   To presse before thy father to a graue?
Prin. Seale vp the mouth of outrage for a while,
   Till we can cleare these ambiguities,
   And know their spring, their head, their true discent,
   And then will I be generall of your woes,
   And leade you euen to death, meane time forbeare,
   And let mischance be slaue to patience,
   Bring foorth the parties of suspition.
Frier. I am the greatest able to do least,
   Yet most suspected as the time and place
   Doth make against me of this direfull murther:

   And heere I stand both to i peach and purge
   My selfe condemned, and my selfe excusde.

WACHMANN 1 Dort der Mönch und Romeos Page da
Wurden mit Gerätschaft angetroffen
Geeignet, dieses Grabmal aufzubrechen.

CAPULET O Himmel! Frau, o sieh nur, unsre Tochter!
Sie blutet! Da, der Dolch ging in die Irre
Bei Montague, da ist er ausgezogen
Und bewohnt die Brust von meinem Kind jetzt.
LADY CAPULET Ich Ärmste! Dieser tote Anblick läutet
Mein Alter und mein Lebensende ein.

FÜRST Komm, Montague, wenn du schon so früh auf bist
Und sieh den Sohn und Erben früh dir unten.
MONTAGUE Ach, mein Fürst, zur Nacht starb mir die Frau
Mein Sohn und im Exil, das brach ihr Herz:
Plant auf mein Alter weitres Leid den Angriff?
FÜRST Schau selbst und sieh.
MONTAGUE O, du Nichtsnutz! Ist das eine Art
Sich vor dem Vater in ein Grab zu drängen?
FÜRST Versiegelt den entsetzten Mund ein Weilchen
Bis wir genügend Licht ins Dunkel brachten
Und seinen Quell, sein wahres Wesen kennen:
Dann bin ich Euch ein General der Schmerzen
Und leite Euch, wenns sein muß, in den Tod.
Bis dahin haltet an Euch, macht die Zwietracht
Zur Sklavin der Geduld. Führt die Verdächt'gen vor.
LORENZ Ich bin der erste, der Unfähigste
Doch der Verdächtigste, insofern Ort
Und Zeit mich scheinbar überführen bei
Diesen grauenhaften Tötungen.
Hier stehe ich, halb Schuldiger, halb Anwalt
Mich selbst verklagend und rechtfertigend.

Prin. Then say at once what thou dost know in this?
Frier. I will be briefe, for my short date of breath
   Is not so long as is a tedious tale.
   Romeo there dead, was husband to that *Iuliet,*
   And she there dead, thats *Romeos* faithfull wife:
   I married them, and their stolne marriage day
   Was *Tibalts* doomesday, whose vntimely death
   Banisht the new-made Bridegroome from this Citie,
   For whome, and not for *Tibalt, Iuliet* pinde.
   You to remoue that siege of griefe from her

   Betrothd and would haue married her perforce
   To Countie *Paris.* Then comes she to me,
   And with wild lookes bid me deuise some meane
   To rid her from this second mariage:
   Or in my Cell there would she kill her selfe.
   Then gaue I her (so tuterd by my art)
   A sleeping potion, which so tooke effect
   As I intended, for it wrought on her
   The forme of death, meane time I writ to *Romeo*
   That he should hither come as this dire night
   To help to take her from her borrowed graue,
   Being the time the potions force should cease.

   But he which bore my letter, Frier *Iohn,*
   Was stayed by accident, and yesternight
   Returnd my letter back, then all alone
   At the prefixed hower of her waking,
   Came I to take her from her kindreds Vault,
   Meaning to keepe her closely at my Cell,

   Till I conueniently could send to *Romeo.*

FÜRST Sag ohne großen Umschweif, was du weißt.
LORENZ Ich werde kurz sein, denn mein Atem reicht
Nicht mehr für lange Reden. Romeo
Dort, tot, war Gatte dieser Julia
Und sie, dort, tot, war Romeos Ehefrau.
Ich gab sie zusammen, ihr geheimer
Hochzeitstag war Tybalts letzter Tag
Sein jäher Tod verbannt den frischgebacknen
Bräutigam aus dieser Stadt. Um ihn
Und nicht um Tybalt weinte Julia.
Ihr, um sie von dem Gram, der sie belagert
Zu befrein, versprecht sie dem Graf Paris
Und wollt sie notfalls zu der Heirat zwingen.
Sie kommt zu mir, und bittet wilden Blicks
Sie vor der zweiten Ehe zu bewahren
Sonst wolle sie sich, wie sie dasteht, töten.
Ich, von meiner Kunst dazu verleitet
Gab ihr einen Schlaftrunk, der bewirkte
Das war der Plan, daß sie wie tot erschien.
Inzwischen schreibe ich an Romeo
Er möge kommen, und zwar heute Nacht
Und helfen, sie aus dem geborgten Grab
Herauszuholen, weil zu diesem Zeitpunkt
Die Kraft des Mittels schwinden würde. Aber:
Der Bruder Johann, der den Brief bestellt
Ein Zufall hält ihn fest und gestern Abend
Brachte er mir meinen Brief zurück.
So kam ich ganz allein zu jener Stunde
Da sie erwachen mußte, her, um sie
Aus ihrer Ahnen Gruft zu führen und
In meiner Zelle heimlich zu verbergen
Bis ich erneut zu Romeo senden konnte.

But when I came, some minute ere the time
Of her awakening, here vntimely lay,
The Noble *Paris,* and true *Romeo* dead.
She wakes, and I entreated her come forth
And beare this worke of heauen with patience:
But then a noyse did scare me from the Tombe,
And she too desperate would not go with me:
But as it seemes, did violence on her selfe.
Al this I know, & to the marriage her Nurse is priuie:
And if ought in this miscaried by my fault,

Let my old life be sacrific'd some houre before his time,
Vnto the rigour of seuerest law.
Prin. We still haue knowne thee for a holy man,
Wheres *Romeos* man? what can he say to this?
Balth. I brought my maister newes of *Iuliets* death,
And then in poste he came from *Mantua,*
To this same place. To this same monument
This Letter he early bid me giue his Father,
And threatned me with death, going in the Vault,
If I departed not, and left him there.
Prin. Giue me the Letter, I will looke on it.
Where is the Counties Page that raisd the Watch?
Sirrah, what made your maister in this place?
Boy. He came with flowers to strew his Ladies graue,
And bid me stand aloofe, and so I did,
Anon comes one with light to ope the Tombe,
And by and by my maister drew on him,
And then I ran away to call the Watch.
Prin. This Letter doth make good the Friers words,
Their course of Loue, the tidings of her death,
And here he writes, that he did buy a poyson

Doch als ich wenige Minuten vor
Ihrer Aufwachzeit hier eintraf, lagen
Der edle Paris und der treue Romeo
Schon tot da. Sie erwacht und ich beschwor sie
Zu tragen, was der Himmel hier verfügte
Und mir zu folgen. Doch ein Lärm vertreibt mich
Und sie, allzu verzweifelt, will nicht gehen
Und legt dann, wie es aussieht, Hand an sich.
Das ist, was ich weiß. Die Amme war
Zeugin bei der Heirat. Sollte man
Für dieses Unglück schuldig mich befinden
Dann wollt mein altes Leben kurz vor Schluß
Der strengsten Härte des Gesetzes opfern.
FÜRST Bisher warst du als frommer Mann bekannt.
Wo ist Romeos Page? Was sagt er?
BALTHASAR Ich überbrachte meinem Herrn die Nachricht
Von Julias Tod, und er, in größter Hast
Eilt aus Mantua her zu diesem Grabmal.
Den Brief hier soll ich seinem Vater geben
Ansonsten droht er mir mit Tod, wenn ich
Ihn nicht alleine ließ und brach das Grab auf.
FÜRST Mir gib den Brief, ich will ihn überlesen.
Wo ist der Page, der die Wache holte?
Was machte denn dein Herr, der Graf, hier, Bursche?
PAGE Er kam mit Blumen für das Grab der Lady
Und schickte mich nach draußen, also ging ich.
Kurz drauf kam wer mit einer Fackel, der
Sich an der Tür zu schaffen macht: sie streiten
Mein Herr zieht blank, ich lauf die Wache holen.
FÜRST Der Brief bestätigt, was der Mönch hier vortrug
Der beiden Liebe, wie den Irrtum, sie
Sei tot. Er schreibt, er habe sich ein Gift

    Of a poore Pothecarie, and therewithall,
    Came to this Vault, to die and lye with *Iuliet.*
    Where be these enemies? *Capulet, Mountague?*
    See what a scourge is laide vpon your hate?
    That heauen finds means to kil your ioyes with loue,
    And I for winking at your discords too,
    Haue lost a brace of kinsmen, all are punisht.

Cap. O brother *Mountague,* giue me thy hand,
    This is my daughters ioynture, for no more
    Can I demaund.
Moun. But I can giue thee more,
    For I will raise her statue in pure gold,
    That whiles *Verona* by that name is knowne,
    There shall no figure at such rate beset,
    As that of true and faithfull *Iuliet.*
Capel. As rich shall *Romeos* by his Ladies lie,
    Poore sacrifices of our enmitie.
Prin. A glooming peace this morning with it brings,
    The Sun for sorrow will not shew his head:
    Go hence to haue more talke of these sad things,
    Some shall be pardoned, and some punished.
    For neuer was a Storie of more wo,
    Then this of *Iuliet* and her *Romeo.*
                  FINIS.

Gekauft bei einem armen Apotheker
Und sei damit zu dieser Gruft gekommen
Um im Tod bei Julia zu ruhen.
Ihr, Capulet! Ihr, Montague! Was nun?
Ihr dummen Feinde, seht, mit welcher Geißel
Der Himmel Euren Haß peitscht, Wege findend
Euch den Spaß durch Liebe zu verderben.
Und Wir, vor Eurem Zwist die Augen schließend
Beklagen zwei Verwandte. Alle straft er.
CAPULET O Bruder Montague, gib mir die Hand
Hier ist das Vermächtnis meiner Tochter:
Mehr kann ich nicht fordern.
MONTAGUE   Doch ich geben:
Ihr Grabbildnis reich übergoldet will ich
Zum Ruhm Veronas fügen: wer es sah
Vergißt niemals die treue Julia.

CAPULET Gleich glänzend leg ich Romeo ihr zur Seite
Die armen Opferlämmer unsrer Streite.
FÜRST Ein trüber Frieden zieht herauf, das Licht
Des Tages trauert und verhüllt den Schein.
Gehen wir und halten streng Gericht
Wer zu bestrafen ist, wem zu verzeihn
Denn solch ein Paar saht ihr noch nirgendwo
Wie Julia und ihren Romeo.

Anmerkungen

I, i, 1-16 *The Prologue.* – auch in Q1 (mit Var.), nicht in F

I, ii, 3ff. Wortspielkette mit *carrie Coles* (Kohlen tragen = Drecksarbeit leisten), *Collyers* (Kohlenträger), *choller* (Galle) und *collar* (Schlinge). *choller* spielt auf die damals vorherrschende Vier-Säfte-Lehre (helle Galle, schwarze Galle [Melancholie], Blut und Schleim [Phlegma]) an (G. Wagner)

I, ii, 15f. *the weakest goes to the wall* – Sprichwort; auch Titel eines apokryphen Shakespeare-Stücks

I, ii, 17 *women being the weaker vessels* – »woman ... the weaker vessel« (1 Peter 3.7)

I, ii, 58f. *remember thy washing blowe* – »(s)washing blow ist ein peitschenartiger Hieb mit dem Rapier auf den Kopf des Gegners. Bemerkenswert daran ist, daß diese Phrase nur noch einmal in der Literatur auftaucht, und zwar in Arthur Goldings (wohl auch Oxfords) Übersetzung von Ovids *Metamorphosen* (1567: Astyages ... did with a long sharp arming sword a washing blow him give (Met. 5.252).« (G. Wagner; auch AE 85)

I, ii, 75 *giue me my long sword* – zu den Waffenszenen erläutert G. Wagner, daß »die Gefolgsleute der Capulets (anachronistisch) das neue [von Bonetti seit ca. 1570 in England eingeführte] Rapier verwenden. [Oxford erwarb 1570 ein *rapier* (Anderson 40)], denn der alte Capulet verlangt ausdrücklich noch nach seinem *long sword*, dem alten Bihänder, der für seine entkräfteten Arme aber viel zu schwer ist, weshalb die Gräfin höhnt, er solle lieber Krücken nehmen« (Wagner). S. weiter unter II, v

I, ii, 76 *crowch* – crutch

I, ii, 82 *Prince Eskales* – Escalus bei Brooke; einzige Erwähnung des Namens. Lord Bartholemew of Escala (so bei Painter) della Scala (AE 86). Bartolomeo I. della Scala (ital. Scaligero, engl. Scaliger) starb 1304 und regierte Verona im Jahre 1302, in dem Jahr, in dem die Geschichte von Romeo und Julia lt. der Überlieferung stattfand

I, ii, 104 *To old Free-towne, our common iudgement place* – »Italian road maps that show Villafranca di Verona usually carry an added notation: ›Castello Scaligero.‹ [...]. The castle at Villafranca di Verona [...] was the site of their princely court, the seat of Scaliger authority, and the venue for their public judgments. It was built in 1202 and endured as the central Scaliger seat until 1354« (Roe)

I, ii, 124f. *vnderneath the groue of Syramour, / That Westward rooteth from this Citie side* – *Sicamoure* Q1; Roe (8-10) hat diesen noch vorhandenen Platanenhain (Platanus orientalis) genau lokalisert. Vgl. *LLL* V.ii.94 *Siccamone*; *Othello* IV, iii, 47 *Sicamour* und die Anm. dazu (S. 279 unserer Edition); Wortspiel mit *sickamour* (AE 88)

I, ii, 155 *dedicate his bewtie to the same* – Var. sun (Theobald)

I, iii, 22 *welseeming formes* – *best seeming thinges Q1*

I, iii, 31f. *breast ... preast* – *hart ... prest* Q1

I, iii, 34 *to too much* Q1 – *too too much* Q2

I, iii, 65 *steru'd* – starv'd

I, iv, 8 *ore* – o'er

I, iv, 10 *Shee hath not seene the chaunge of fourteen yeares* – bei Brooke ist sie 16 Jahre alt, bei Painter 18 (AE) 94. Anne Cecil heiratete Edward de Vere kurz nach ihrem 15. Geburtstag

I, iv, 30 *fennell* – *female* Q1

I, v, 2-4 *the shoo-maker should meddle with his yard... nets* – *the Taylor must meddle with his Laste, the Shoomaker with his needle...* Q1; direkte Parodie auf auf Lylys *Euphues* (AE 96) und dessen belehrenden Stil.

I, v, 9 *One paine* Q1 – *On paine* Q2 (DF)

I, v, 14 *Plantan leafe* – Wegerich (Schlegel); vgl. *LLL* III, i, 69

I, v, 20f. *Godden ... Godgigoden* – good e'en ... God gi' good e'en

I, v, 52 *fire* Q1 – *fier* Q2

I, v, 59 *waide* – weight'd

I, vi, 12 *thou'se* – thou shalt

I, vi, 16 *teene* – sorrow (AE 100)

I, vi, 18 *Lammas tide* – »1 August, in the early English church a harvest festival for the first ripe corn« (AE 101)

I, vi, 21 *shall* Q1 – *stal* Q2

I, vi, 30 *teachie* – tetchy

I, vi, 32 *hylone* – *high lone* Q1

I, vi, 55f. *honor ... honor* Q1 – *houre ... houre* Q2

I, vii, 8 *Crowkeeper* – die beiden folgenden Verse nur in Q1

I, vii, 21 *pitch* – »height from which a hawk stoops to kill« (AE 107)

I, vii, 23 *Horatio* – erst in Q4 Mer.; Horatio wird im gesamten Stück nicht weiter erwähnt, auch nicht in Q1. Indiz für die zeitliche Nähe der Redaktion von Q2 zur Redaktion von *Hamlet*

I, vii, 31	*cote* – *coate* Q1, *quote* F
I, vii, 39	*I am done* Q1 – *I am dum* Q2
I, vii, 48	*fine wits* – five wits (Malone), *right wits* Q1
I, vii, 60	*ottamie, ouer* – *Atomi, A thwart* Q1
I, vii, 65f.	*a round litle worme, prickt from the lazie finger of a man* – *a little worme, Pickt from the lasie finger of a maide* Q1; »Worms were humourously said to breed in the fingers of lazy maids« (AE 110)
I, vii, 82	*Elfelocks* Q1 – *Elklocks* Q2
I, viii, 1	Q2 führt hier ein *Enter Romeo* an, was kaum sinnvoll ist
I, ix, 30	*His sonne was but a ward 2. yeares ago.* – wie Edward de Vere, der als *Royal Ward* aufwuchs
I, ix, 45	*Fetch me my Rapier* – vgl. G. Wagner
I, x, 13	*though* Q1 – *thogh* Q2
II, i , 1	*Chorus* – fehlt in Q1
II, i , 4	*gronde* – groan'd
II, ii, 7	*Orchard wall* – im *MSND* wird auch die Mauer parodiert: *You can neuer bring in a wal* (III, i, 58)
II, ii, 10	*louer* – *liner* Q1, DF für liuer, Leber. Wie in den nachfolgenden Varianten bietet Q1 die bessere Fassung dieser Rede
II, ii, 13	*Pronounce but Loue and Doue* Q1 – *prouaunt, but loue and day* Q2
II, ii, 14	*gossip* Q1 – *goship* Q2
II, ii, 15	*heir* Q1 – *her* Q2
II, ii, 16	*true* – *trim* Q1; diese Variante findet sich auch in der Ballade, auf die hier angespielt wird; vgl. *LLL* IV, i, 70 ff. u.a. (AE 125)
II, ii, 41	*An open Et cetera* Q1 – *An open, or* Q2; die kaum verstecke Bedeutung wird neuerdings mit *open-arse* wiedergegeben (AE 126). Schlegel läßt die Zeilen 40f. ganz weg
II, iii, 8	*sicke* – *pale* Q1
II, iii, 32	*puffing* – *pacing* Q1
II, iii, 47	*owes* – owns
II, iii, 61	*tongus* – tongue's
II, iii, 84	*Pilot* Q1 – *Pylat* Q2
II, iii, 103	*more cunning Q1* – *coying* Q2
II, iii, 168	*Else would I teare the Caue where Eccho lies / And make her ayrie tongue more hoarse, then / With repetition of my Romeo* – Looney (163f.) verweist hier auf de Veres *Echo Verses*
II, iii, 175	*My Neece* – *Madame Q1*; Var. niesse, nyas (Dover Wilson),

ein Falke, der niemals geflogen ist (AE 134). Die Falknerei wird dem Setzer nicht vertraut gewesen sein wie dem Verfasser.

II, iii, 198   *Ro. Sleep swel* – Romeo zugeordnet wie in Q1, Q2 setzt *Iu.*, unnötig gedoppelt

II, iv, 1-4   hier werden die letzten 4 Zeilen aus der vorherige Szene wiederholt. In Übereinstimmung mit Q1 werden sie als Setzfehler gewertet und allgemein gestrichen

II, iv, 28   *tasted, staies* – *tafted slaies* Q1

II, v, 19   *what is Tybalt?* – »Tybalt trägt deutlich Züge Bonettis« (Wagner)

II, v, 20   *Prince of Cats. Oh* – »eine obszöne Anspielung, an Tybalt gerichtet, aber auf den *Italiener* Bonetti gemünzt, wenn man *Cats O* als *catso* liest (so Q2-Q4, F1), was der englischen Aussprache für das italienische *cazzo* entspricht, eines der vulgärsten Schimpfwörter in Italien. Die ganze Passage (14-27) richtet sich gegen Bonetti« (Wagner)

II, v, 21   *pricksong* – »setzt das bawdy speaking fort« (Wagner)

II, v, 23f.   *the very butcher of a silke button* – S. spielt hier »expressis verbis auf Bonetti an, der geprahlt hatte, er könne *hit any Englishman with a thrust upon any button* (Anderson 178f.). Die Feindschaft Oxfords mit Bonetti rührt daher, daß dieser sein *fighting college* im Blackfriars Convent einquartiert hatte, wo auch Edward de Vere seine Oxfords Boys untergebracht hatte, dem ersten überdachten Theater Londons, daher ›a gentleman of the first house‹« (G. Wagner)

II, v, 26   *the Hay* – italienisch hai, »thou hast it« (AE 143)

II, v, 29   *these new tuners of accent* – »deutliche Anspielung auf die inkhorn- und pronunciation-Debatte der Jahre 1568/9 (wie in *LLL*, Holofernes) des Kreises um Sir Thomas Smith, Roger Ascham, Thomas Wilson und speziell John Hart. John Hart lebte (zusammen mit Edward de Vere) im Haushalt von William Cecil. Die englische Orthographie und pronunciation standen im Focus von John Harts Arbeiten; seine Hauptthese war, daß die Aussprache die Schreibung diktieren sollte (darüber spottet ja Holofernes).« (G. Wagner)

II, v, 32ff.   *these pardons mees, who stand so/much on the new forme, that they cannot sit at ease on the old/bench. O their bones, their bones.* – »Der Dichter gerät hier richtig in Rage über das fremde Geschmeiß, diese Modegecken, diese ›pardonnez-mois‹, die so stark auf der neuen Form (unübersetzbares Wortspiel mit form – Form und Schulbank) bestehen, daß sie nicht bequem auf der alten Bank sitzen können. Auch das folgende ›bones‹ ist ein Wortspiel mit bones (Knochen, auf die bench bezogen) und dem Plural des französischen bon – gut.« (Wagner)

II, v, 36 *here comes Romeo ... Without his Roe, like a dried Hering* – ein unter Oxfordianern berühmtes Wortspiel. Romeo ohne Ro(e) ergibt nur so ungefähr »*meo or O me* .. The cry of the lamenting lover« (AE 144); die passendere Variante *meo* kann aber auch als *me O* gelesen werden, *me Oxford*, was das autobiographische Element in Romeo stark betont

II, v, 42 *bon iour* Q1 – *Bonieur* Q2

II, v, 65 *wildgoose chase* – »a kind of horse race in which the leading rider chose whatever course he likes and the rest were obliged to follow him« (AE 146)

II, v, 82 *bable* – bauble

II, vi, 48 Einschub woher?

II, vii, 16 Q2 schreibt diese Verse *M.* zu, offensichtlich DF

II, vii, 45 *dined* – Q2 hat *dinde*, DF korrigiert

II, vii, 72 *Theile* – They'll

III, i , 30 *fee-simple* – »Literally, an estate belonging absolutely to ist owner« (AE 160); juristischer Begriff im Eigentumsrecht

III, i , 59 *loue* – *hate* Q1

III, i , 67 *iniuried* – *iniured* Q1

III, i , 83 *Passado* – vgl. G. Wagner

III, i , 89 *Away Tybalt* – diese (Pseudo-?) Bühnenanweisung wird von den Editoren in der Regel umgeformt

III, i , 121 *mo* – *more* Q1

III, i , 122 *wo* – woe

III, i , 124 *A liue* Q1 – *He gan* Q2; neuere Var. *Again* (Capell)

III, i , 126 *And fier eyed fury* Q1 – *And fier and furie* Q2

III, i , 194 *Mon.Wi.* – Q2 setzt *Capu.*, offensichtlich DF

III, i , 199 *hearts* Q2 – *hates* Q1

III, ii, 15 *Hood ... bayting* – Begriffe aus der Falknerei

III, ii, 61 *banckrout* – bankrupt

III, ii, 64 *beare* – *bier* Q4, F

III, ii, 76 *Nur.* Q1 – DF in Q2

III, ii, 77 *Iu.* – Nur. Q2

III, ii, 103 *what tongue shal smooth thy name* – vgl. NW

III, ii, 133   *course – coarse* Q1
III, iii, 17   *Here – Hence* Q1
III, iii, 39   *blessing – kisses* Q1
III, iii, 55   *Thou* Q1 – *Then* Q2
III, iii, 122 *denote* Q1 – *deuote* Q2, DF
III, iv, 12   *mewed vp* – »The mews were the hawk-houses in which hawks were kept at night« (AW 183)
III, v, 39   *Enter Nurse hastely* Q1 – *Enter Madame and Nurse* Q2
III, v, 123   *Saint Peters Church* – eine weitere exakte Lokalisierung von Roe. Es handelt sich um die *Chiesa di San Pietro Incarnario*. »in the days of the story of Romeo and Juliet, the diocesan records reveal that this was, indeed, a parish church. Founded in 955, in the thirteenth century it came under Franciscan jurisdiction and remained so for the next six hundred years. [...] It fit every ingredient given for it in the play, and was yet one more of the playwright's very own, almost secret touches to his *Romeo and Juliet*. True to the pattern of the story's places in the city, this Saint Peter's Church not only was in Juliet's parish, but directly on the path between lovely Juliet's house and the monastic cell of her confessor.«
III, v, 184   *Cap.* Q1 – Q2 mißversteht *Father* am Anfang des Verses
III, v, 195   *trainde* Q1 – *liand* Q2, Var. lign'd
III, v, 199   *mammet* – maumet
III, v, 181f. *my Lady wisdome, hold your tongue, / Good Prudence smatter, with your gossips go* – »echoes the Geneva Bible's translation of Proverbs 8:12, ›I wisdome dwell with ᵈprudence and I finde forthe knowledge *and* counsels.‹« (Moore 149f.)
IV, i , 49   *cure* Q1 – *care* Q2
IV, i , 66   *extreames* – extremes
IV, i , 67   *vmpeere* – umpire
IV, i , 76   *slay thy* –
IV, i , 102   *breath* Q1 – *breast* Q2
IV, i , 104   *many* – wanny (Var. AE 200)
IV, i , 114   *Is – If* Q3 (DF?)
IV, i , 114   *Beere* – bier
IV, i , 121   *walking – waking* Q3
IV, ii, 15   *har lottry* – harlotry
IV, iii, 9   culd – *cull'd*
IV, iii, 42ff *a Vaulte, an auncient receptacle* – vgl. Roe

IV, iii, 53	*Inuironed* – Environed	
IV, v , 1	*fast* – fast asleep	
IV, v , 2	*sluggabed* – slug-abed	
IV, v , 70	*care* – Var. Cure (Theobald)	
IV, v , 93	*dyrges* – dirges	

IV, v , 107 Enter Will Kemp – *Seruingman* Q1; *Peter* Q4, F; ein DF, aber aufschlußreich, wenn auch wohl nicht in dem Sinne, daß dieser Zusatz von Nashe der Kempe stammen könnte (AE 213f.)

V, i, 26	*defie* Q1 – *denie* Q2	
V, i, 82	*pay* Q1 – *pray* Q2.	
V, ii, 1	*Enter Frier Iohn* Q1 – *Enter Frier Iohn to Frier Lawrence* Q2	
V, iii, 4	*Ew-tree* Q1 – *young Trees* Q2; yew trees (Pope)	
V, iii, 24	*Enter Romeo and Balthasar, with a torch, a mattocke, and a crow of yron.* Q1 – *Enter Romeo and Peter.* Q2;	
V, iii, 43	*Balt.* Q1 – *Pet.* Q2	
V, iii, 46	*Balt.* Q1 – *Pet.* Q2	
V, iii, 71	*coniurations* Q1 – *commiration* Q2	
V, iii, 74	*Boy.* Q1 – fehlt in Q2	
V, iii, 90	*interd* – interr'd	
V, iii, 105f.	*I will beleeue, / Shall I beleeue* – *O I beleeue* Q1	
V, iii, 110	palace Q3 – *pallat* Q2	

V, iii, 111-115 Depart againe, come lye thou in my arme, / O true Appothecarie! / Thy drugs are quicke. Thus with a kisse I die. / Depart againe – Dieser in Q1 nicht vorhandene Abschnitt zwischen den beiden *Depart againe* wird allgemein als erste Fassung der Schlußverse V, iii, 126-127 angesehen und gestrichen. Aufgrund der oft schlechten Qualität von Q2 und der Sachlogik vertretbar

V, iv, 28	*goarie* – gory	
V, iv, 39	than – *then* Q2	
V, iv, 82	*shrike* – shriek'd (AE 231)	
V, iv, 103	*early* Q1 – *earling* Q2	
V, iv, 193	*raise* Q4 – *raie* Q2; *erect* Q1	

Nachwort

Zu dieser Edition

Im Nachwort zum ersten Band dieser Ausgabe (*Timon aus Athen*) haben wir die Prinzipien unserer Edition dargelegt und ausführlicher begründet, insbesondere die Entscheidung, auf den englischen Originaltext. Zusammengefaßt:

- als englischer Text wird der bestmögliche Originaltext des Stücks weitgehend wort- und zeichengetreu dargeboten, in diesem Fall der der zweiten Quartoausgabe (Q2) von 1599.
- Die deutsche Übersetzung ist auch immer als Kommentar zum englischen Text zu verstehen, die den Leser in der Regel schnell den Sinn des Originaltextes erfassen läßt und bei Zweifelsfällen erläuternd wirkt.
- Bei den meisten Vokabeln hilft ein Nachschlagen bei den bekannten Online-Wörterbüchern, die wir hier nicht ersetzen wollen. Sehr gut ist für disen Zweck geeignet merriam-webster.com
- Fast alle seltenen Ausdrücke sind in der Orthographie meistens nahezu identisch mit der heutigen Schreibweise, altertümlich anmutende Wörter sind eher nicht durch altertümliche Schreibweise fremd, sondern durch ihre Seltenheit, ja Einzigartigkeit.
- Im Anhang wird bei einigen orthographisch abweichenden Wörtern zusätzlich die moderne Schreibweise angegeben. Offensichtliche Druckfehler und von verschiedenen Herausgebern vorgeschlagene denkbare Varianten werden ebenfalls vermerkt und ggf. diskutiert

Zum Stück

Die erste Quartoausgabe (Q1)

1597 erschien anonym ohne vorherigen Eintrag im Stationer's Register *AN EXCELLENT conceited Tragedie OF Romeo and Iuliet. As it hath been often (with great applause) plaid publiquely, by the right Honourable the L. of Hunsdon his Seruants. LONDON, Printed by Iohn Danter. 1597.*

John Danter war ein zugelassener Drucker, der u.a. Werke von Thomas Nashe (*Strange News*, 1/1593) und seines Angestellten Henry Chettle (»als Setzer, aber vermutlich auch als Manuskriptbeschaffer, als Korrekturleser und als Bearbeiter verschiedenster Texte« (Detobel 1998, 28)) druckte, insbesondere *Kindheart's Dream* (12/1592). Er bewegte sich also im Mittelpunkt der Kontroverse um *Greene's Groatsworth of Wit* (9/1992), in der es neben Nashe, Greene, Marlowe und Harvey vor allem auch um Shakespeare ging (ausführlich dazu die Arbeiten von Robert Detobel).

1594 druckte Danter Shakespeares *Titus Andronicus*, das als authentischer, wenn auch anonymer Shakespeare-Druck gilt, der erste nach der umstrittenen Erstfassung von *King John* aus dem Jahre 1591. Drei Jahre später wagt er sich an *Romeo and Juliet*.

Der Text von Q1 ist erheblich kürzer als der zwei Jahre später gedruckte von Q2; daran entzündet sich die früher sehr geläufige Theorie der *memorial reconstruction*, die etwa Gibbons 1980 ausführlich darlegt:

Since the hypothesis of memorial reconstruction was first advanced by Greg [...] it has come to be accepted that a number of Bad Quartos of Shakespeare's plays were reconstructed from memory by reporters who knew the play on the stage; *Romeo and Juliet Q1* is such a text. It contains anticipations, recollections, transpositions, paraphrases, summaries, repetitions and omissions of words, phrases or lines correctly presented in Q2. Most of these features are evidence of the faulty memory of the reporters, though certain omissions, and a cut in the required number of players, may indicate that Q1, however abbreviated, derived from a version adapted for acting (AE 1)

Unbestreitbar ist Q1 eine Bühnenversion, aber all die hypothetischen *foul papers* und *prompt books*, von denen bei diesen Diskussionen immer wieder die Rede ist, sind nicht erhalten, fiktive Größen. Es muß viel Rhetorik aufgewendet werden, um Q2 als *correctly presented* hinzustellen gegenüber Q1, das oft den besseren, echteren Text bietet. Daher wird Q1 zwar nicht dieser Ausgabe zugrunde gelegt (dafür ist er zu kurz), aber häufig zu sehr nötigen Korrekturen herangezogen, was man in den Anmerkungen studieren kann.

Der Fall ist ähnlich wie bei *Hamlet* in den Fassungen von 1603 und 1604: der »schlechte« erste Druck ist ein vollwertiger Shakespeare-Text, der »gute« eine Überarbeitung des älteren, (auch) für den Druck.

»Stop Press« Shakespeare (K. Chiljan)

Almost completely unreported to the student and general public is the fact that some of the earliest publishers of Shakespeare's works were stopped by authority, and on three occasions their presses were seized. We know this thanks to the surviving registers of the Stationers' Company. Shortly before publication, printers would pay a licensing fee to the Company, which was recorded. Fines and directives from within the Company, and without, were also recorded. Two possible »stop-press« Shakespeare incidents occurred in 1594. (1) *The Winter's Tale.* On May 22, 1594, publisher Edward White registered »a book entitled, a winters nights pastime,« which evidently never saw print. The expert would discount this reference because he believes Shakespeare's play was written in 1610 or 1611, but »a winters nights pas-time« is very dose to »the winters night tale,« an undisputed reference to Shakespeare's play in 1611 [...]. White had also registered the anonymous play, *King Leir*, the week before, on May 14, 1594. *King Leir* is considered as the main source of Shakespeare's *King Lear* but it may have been an early version of the same play. There is no sign that White's edition of *King Leir* was printed (the first surviving edition was dated 1605 and was published by others). (2) *Titus Andronicus.* On February 6, 1594, publisher John Danter registered this play. The one surviving copy was discovered in Sweden in 1904. (Interestingly, in 1593, a warrant for Danter's arrest was recorded in the register for an unstated reason.) These incidents of a no-show and a sole surviving copy could indicate that as early as 1594 the great author was trying to stop unauthorized editions of his plays.

The first confirmed »stop press« Shakespeare involved the first quarto of *Romeo and Juliet*, a notorious piracy. John Danter printed the play during late 1596 or early 1597. Sometime during the period of Lent (February 9 to March 26, 1597), Danter's two presses were seized »by virtue of the decrees of the Star Chamber,« and on April 10, 1597 they were ordered to be »defaced and made unserviceable for printing...« Danter's offense was for printing a Catholic work, *Jesus Psalter*, »and other things without authority...« Danter, however, had already been punished for printing *Jesus Psalter* – his press was brought to the Stationers' Company by July 1596, and he evidently went to jail. Although Danter's name alone appeared on the title page as the printer of *Romeo and Juliet*, he only printed sheets A to D – sheets E to K were printed by Edward Allde. *Allde's press was also seized within the same period and also ordered for destruction on April 10.* Allde's recorded offense was for printing the »popish« work, *A Brief Form of Confession*, »without authority license [or] entrance ...« Allde was not involved with the printing of *Jesus Psalter*. The inevitable conclusion to be drawn is that Danter and Allde's mutual printing of Shakespeare's *Romeo and Juliet* was the underlying cause of the seizure and destruction of their presses, and that this play must have constituted »other things without authority...« Danter was constantly in trouble with the Stationers' Company before this incident, but this one ended his printing career.

(Chiljan 39f., mit Zitatnachweisen)

Die zweite Quartoausgabe (Q2)

1599 erschien ebenfalls anonym und ohne Eintrag im *Stationer's Register* »The Most Excellent and lamentable Tragedie, of Romeo and Iuliet. Newly corrected, augmented and amended: As it hath bene sundry times publiquely acted by the right Honorable the Lord Chamberlaine his Seruants. LONDON / Printed by Thomas Creede, for Cuthbert Burby, and are to be sold at his shop neare the Exchange.«

Das Titelblatt beschreibt präzise, daß das Stück *newly* (neuerdings, neulich) erweitert (um ca. 700 Zeilen) und korrigiert wurde (wenn auch bisweilen sehr nachlässig). Das ist implizit auch eine Aussage über Q1; Q2 wird eindeutig als Neubearbeitung von Q1 beschrieben. Vor der Folioausgabe erschienen noch Q3 (1607/09) und Q4 (o. D.), letztere zum erstenmal als »Written by W Shake-speare« (mit dem auffallenden Bindestrich bei Shake-speare) gekennzeichnet. Wenn nicht der bekannte Katalog von Frances Meres es schon 1598 erwähnt hätte, wäre es bis 1623 ein anoymes Stück gewesen. Als Verfasser von Dramen hat sich Shakespeare erst 1598 bekannt gemacht, oft mehr oder weniger gezwungen und gewunden (*William Shake-speare, W. Shakespere*).

Die Regieanweisung *Enter Will Kemp* (IV, v , 107) hat zu verschiedenen Spekulationen geführt, belegt aber nur die Nachlässigkeit des Setzers.

Quellen

»Bullough cites ›the main and perhaps sole source‹ of *Romeo and Juliet* as Arthur Brooke's poem *The Tragicall Historye of Romeus and Juliet* (1562). This poem was a Loose translation of Boaistuau's French version of the story (published in Belleforest's 1559 *Histoires Tragiques*). The French version was derived from Bandello's *Novelle*, (published in 1554, containing 214 stories). Shakespeare does not seem to have consulted the French or Italian versions for *Romeo and Juliet* (but he probably did for *Much Ado*). In 1567, another version of the story was published in English; William Painter's *Palace of Pleasure* may have supplied a few small details, e.g. Juliet's 42-hour sleep. But as the outline story was widely told, this detail may have been gleaned from elsewhere. There are some small similarities with Daniel's *Complaint of Rosamund* (1592) and Eliot's *Ortho-Epia* (1593). Since these are small in number, the direction of influence is by no means established.« (Gilvary 326)

Die Parallelen zu Arthur Brookes (Brooke starb am 19. 3. 1563) Werk von 1562 sind inhaltlich und sprachlich so eng, daß insbesondere Oxfordianer sich intensiv mit der Vermutung befassen, daß der junge Oxford im Alter von 12-13 Jahren zumindest als Übersetzer an den Buch mitgewirkt haben könnte. Das Werk ist so holprig wie man es bei einem so jungen Schriftsteller erwarten sollte. Die Frage der Verfasserschaft wird wohl unbeantwortet bleiben müssen; zumindest aber wird der Text dem jugendlichen de Vere sehr früh anregend zur Verfügung gestanden haben, vergleichbar etwa Goethes Faust-Puppenspiel.

Datierung

1575/76 begab sich Oxford auf seine Reise durch den Kontinent, auf der er sich für einen längeren Zeitraum in Venedig aufhielt. Ein Aufenthalt in Verona ist zwar nicht direkt belegt, Verona befand sich aber innerhalb des Territoriums der Republik Venedig und war daher leicht zu erreichen. *The Two Gentleman of Verona* belegen ausführliche Ortskenntnisse (Magri), auch in *Romeo and Julia* werden – nachgewiesen von Roe und Rita Severi) – Lokalitäten erwähnt, die ohne genau Kenntnisse des Ortes nicht zu haben waren. De Vere war womöglich eine Art früher Tourist und wollte die Schauplätze von *Romeus and Juliet* selbst aufsuchen.

Zur Datierung wird immer wieder das Erdbeben herangezogen: *Tis since the Earth-quake now eleuen years* (I, vi, 24). In England fand am 6. 4. 1580 ein Beben statt (Gilvary 346), was auf eine Entstehung um 1591 hinweisen würde. Sohmer weist hingegen auf ein schwere Erdbeben in Verona hin,
»which hit Verona in 1570 and destroyed the town of Ferrara. Steve Sohmer concludes that the Nurse was refer-

ring to the 1570 earthquake. Sohmer [...] reviewed the various references to time. He shows that the play was set in 1582 when the Gregorian Calendar was taking over from the Julian. Although he does not mention Oxford, his conclusion might be taken to suggest a composition date in the 1580s. Oxford would have seen the devastation for himself when he visited Italy in 1575-6. By comparison, the London earthquake of 1580 was no more than a tremor, although the writers who gave an account (Churchyard, Tarleton and especially Munday) were all theatre practitioners known to Oxford. A further coincidence is that Oxford complained about his letters having been delayed by plague in Italy; this recalls the similar delay to Friar Laurence's letter in Romeo and Juliet.« (Gilvary 347)

In enger zeitlicher Nähe zu dieser Anspielung fanden die Straßenkämpfe in Oxfords Umkreis statt, die sich im Drama wiederspiegeln:

»Im März 1581 brachte Anne [Vavasour] einen Sohn zur Welt [...]. Wie fast immer, wenn ein Hofmann eine ihrer Zimmerdamen verführte, geriet Königin Elisabeth in Rage und schickte sowohl Anne als Oxford ins Tower-Gefängnis [...]. Oxford kam bereits drei Monate später wieder frei. Doch bald darauf erklärte ihm Sir Thomas Knyvett, Onkel der Anne und ebenfalls Hofmann, die Fehde. Ob die Beziehung zwischen Anne und Oxford unmittelbare Ursache oder nur äußerer Anlaß war, ist nicht sicher. Anne Vavasour und die Knyvetts waren ebenfalls verwandt mit Oxfords erbittertstem Feind, seinem eigenen Vetter Lord Henry Howard. [...] Über einen Zeitraum von etwa 2-3 Jahren kam es zwischen Oxford und Knyvett und ihren jeweiligen Gefolgsleuten zu

offenen Kämpfen, die, so Feuillerat, an die Fehde zwischen den Montagues und Capulets in Romeo und Julia erinnern. (Feuillerat, Albert, John Lyly, Cambridge 1910, S. 126-128.)« (Detobel 1999, 93f.)
Es kam dabei auch zu Toten und Verletzten; nicht zuletzt wurde Oxford selbst getroffen:
»The birth of this child led to a long-running feud with Sir Thomas Knyvet, uncle of Anne Vavasor, which resulted in the deaths of three followers of De Vere and Knyvet as well as injury to both men.« (Goldstein 13)
Feldman nimmt daher einen »Prototype of the tragedy *Romeo and Juliet*« im Sommer 1582 an (140). Dieser dürfte wohl etwa so ausgesehen haben wie Q1.

Seit 1592/93 nahm Shakespeare die Überarbeitung all seiner frühen Stücke und Versdramen in Angriff, ausgelöst wohl auch durch die unzureichende Qualität ihrer Veröffentlichungen. Spätestens 1597/1598 machte er damit Ernst und wandelte *prompt-books* in Lesedramen eigener Art,
... alive still while thy Booke doth live,
And we have wits to read, and praise to give.

Romeo and Juliet werden beim Publikum früh Erfolg gehabt haben. 1562 war ihm diese Geschichte wohl emotional näher, aber ihre literarische Verarbeitung noch kaum möglich; 1582 war sie eine ferne Erinnerung an eine fremde Romanze, ihre literarische Verarbeitung aber um so besser gelungen (wozu auch ein gewisser Zynismus gegenüber den in das Werk einbezogenen biographischen Erlebnissen gehört). Der Shake-speare-Mythos nährt sich immer noch aus diesem Stück, was auch *Shake-speare in Love* deutlich genug aufzeigt.
Die Satire auf diese Wirkung im 1600 gedruckten *A Midsummer Night's Dream* zeigt die letztendliche innere Distanz

des Verfassers zu jener Art von Liebesdrama auf. Die im Stück immer nahe Grenze zur Komödie wird *in the most lamentable comedy, and most cruell death of Pyramus and Thisby* weit überschritten.

Uwe Laugwitz

Literatur

(AE) Gibbons, Brian: Romeo and Juliet. London 1980 (The Arden Shakespeare, Second Series)

(Anderson) Anderson, Mark: ›Shakespeare‹ By Another Name. New York 2005.

(Chiljan) Chiljan, Katherine: *Shakespeare Suppressed*. San Francisco 2001.

(Detobel 1998) Detobel, Robert: Zur Verfasserschaft von *Greenes Groatsworth of Wit*. In: *Neues Shake-Speare Journal* 2, 1998

(Detobel 1999) Detobel, Robert: Eine Widmung. In: *Neues Shake-Speare Journal* 4, 1998

(Detobel 2005) Detobel, Robert: Wie aus William Shaxsper William Shakespeare wurde. Buchholz 2021 (Neuauflage von *Neues Shake-Speare Journal* X, 2005). Enthält eine zusammenfassenden Darstellung der wichtigsten Studien von Robert Detobel

(Feldman) Feldman, A. Bronson: Early Shakespeare. Buchholz 2019

(Gilvary) Gilvary, Kevin: »Romeo and Juliet.« In: Kevin Gilvary Hrsg.), *Dating Shakespeare's Plays*. Turnbridge Wells 2010.

(Goldstein) Goldstein, Gary: Reflections on the True Shake-

speare. Buchholz 2016
(Looney) Looney, J. Thomas: »Shakespeare« Identified. Ed. James A. Warren. Somervile 2018
(Moore) Moore, Peter R.: The Lame Storyteller, Poor and Despised, Buchholz 2009
(Severi) Severi, Rita: Shakespeare's Mantua. Mantova 2016
(Wagner) Wagner, Gerold: Rocco Bonetti, the Butcher of a Silk Button. *Neues Shake-Speare Journal* NF 5, (2016)

Steckels Shake-Speare Gesamtverzeichnis

The Life of Tymon of Athens/Timon aus Athen (2013)
The Tragedie of Macbeth/Die Macbeth Tragödie (2013)
The Tragedie of Anthony and Cleopatra/Antonius und Cleopatra (2013)
The Tragoedy of Othello, the Moore of Venice/Die Tragödie von Othello, dem Mohren von Venedig (2014)
A Midsommer Nights Dreame/Ein Mittsommernachtstraum (2014)
As you Like it/Wie es euch gefällt (2014)
Loues Labour's lost/Verlorene Liebesmüh (2015)
The Life and Death of King John/Leben und Sterben des Königs John (2016)
The Tempest/Der Sturm (2017)
Cymbeline King of Britaine/König Cymbeline (2017)
The Tragedie of King Richard the second/Die Tragödie von König Richard II. (2018)
The Tragedie of King Lear/Die Tragödie von König Lear (2019)
Twelfe Night, Or what you will/Die zwölfte Nacht oder Was ihr wollt (2021)
The Tragedie of Hamlet, Prince of Denmarke/Die Tragödie von Hamlet, Prinz von Dänemark (2022)
The Raigne of King Edward the third/Die Regierung des Königs Edward III. (2023)
The most lamentable Tragedie of Romeo an Iuliet/Die Tragödie von Romeo und Julia (2024)